AI 자율주행차의 리걸 이슈

인공지능총서

인공지능 시대입니다. 기계가 인간의 인지를 대신하고, 사물이 인간을 통하지 않고 다른 사물과 직접 커뮤니케이션합니다. 이에 따른 인간 삶과 문명 변화를 정확히 이해·예측·대응하는 것은 이 시대 우리 모두의 과제입니다. 인공지능총서는 인공지능 기술과 환경의 여러 주제를 10가지 키워드로 정리합니다. 관련 개념과 이론, 학계와 산업계의 쟁점, 우리 일상의 변화를 다룹니다. 인간과 기술의 현재, 미래를 세심히 분석합니다.

일러두기

- 인명, 작품명, 저서명, 개념어 등은 한글과 함께 괄호 안에 해당 국가의 원어를 병기했습니다.
- 외래어 표기는 현행 어문규정의 외래어표기법을 따랐습니다.
- 이 책에서 사용하는 법률의 약어는 아래와 같습니다.
  - 자율주행자동차 상용화 촉진 및 지원에 관한 법률(자율주행차법)
  - 자동차손해배상 보장법(자배법)
  - 인공지능 발전과 신뢰 기반 조성 등에 관한 기본법(인공지능기본법)
  - 자동차 및 자동차부품의 성능과 기준에 관한 규칙(자동차규칙)
- 이 책의 많은 부분은 필자가 공저자로 참여한 《자율주행차의 법과 윤리》(이중기·황기연·황창근, 2020, 박영사)를 참고했습니다.

처음이세요?

전문가세요?

AI 자율주행차의 리걸 이슈

황창근

대한민국, 서울, 커뮤니케이션북스, 2025

AI 자율주행차의 리걸 이슈

지은이 황창근
펴낸이 박영률

초판 1쇄 펴낸날 2025년 7월 25일

커뮤니케이션북스(주)
출판 등록 2007년 8월 17일 제313-2007-000166호
02880 서울시 성북구 성북로 5-11
전화(02) 7474 001, 팩스(02) 736 5047
commbooks@commbooks.com
www.commbooks.com

ISBN 979-11-430-0456-7 03500

책값은 뒤표지에 표시되어 있습니다.

차례

운전자 없는 자동차, 법은 어디까지 준비됐는가

자율주행, 더 이상 미래가 아니다

2025년 4월, 샌프란시스코를 여행한 한국인 H 씨는 현지 친구와 함께 로보 택시(robo-taxi) 웨이모(Waymo)를 이용했다. 스마트폰 앱으로 호출한 웨이모는 인간 운전자가 전혀 개입하지 않는 자율주행 레벨 4 무인 차량이었다. 처음 경험하는 무인차에 대한 약간의 두려움도 있었지만, 그는 호기심과 기대를 안고 과감히 탑승했다. 요금을 내고 목적지까지 이동하는 점은 일반 택시와 같았으나, 운전기사가 없다는 점에서 더 자유롭고 편안했다. 대화도, 노래도 마음껏 즐길 수 있었다. 매우 만족했고, 서울에서도 이런 서비스가 빠르게 도입되길 바랐다.

이처럼 인공지능이 운전하는 자율주행차는 낯설지 않다. 로보 택시를 시작으로 물류 트럭, 셔틀버스 등 다양한 분야에서 상용화가 본격화되고 있다. 생성형 AI인 챗지피티(ChatGPT)가 인공지능의 일상을 열었다면, 자율주행은 우리가 현실에서 체감할 수 있는 대표적인 인공지능 서비스의 하나다. 사람 없이 AI가 스스로 차량을 운행한다는 것은 기술 혁신의 상징이며, 로봇 운전자는 음주 운전을 하지 않고 하루 종일 운전하더라도 피로를 느끼지 않으니 안정적인 운행이 가능해 교통과 생활 전반에 걸친 혁신을 이끌고 있다.

새로운 기술이나 현상이 등장하면 우리는 그것에 새로운 이름을 붙인다. 19세기 내연 기관이 발명된 이후, 그 '폭발력에 의한 자동성'으로 인해 기존의 마차를 대체한 '탈것'을 우리는 '자동차'로 부르기 시작했다. 그러나 자율주행차는 인간이 아닌 로봇이 운전함에도 불구하고 '운전 로봇'이라는 새로운 명칭보다는 여전히 '자동차'로 인식한다. 이는 자율주행차가 기술적으로는 획기적이지만 여전히 기존 자동차의 외형이나 기능이 유사하다고 인식되기 때문이다(이중기, 2018).

자율주행차는 기술 수준에 따라 레벨 0부터 레벨 5까지 여섯 단계로 구분한다. 일반적으로 인간이 운전하지 않는 무인 자동차는 자율주행 레벨 4 이상을 의미한다. 자율주행 기술은 이제 연구소나 제한된 구역에서의 시범 운행 단계를 넘어 실제 도로에서의 상용화 단계로 진입하고 있다. 특히 로보 택시 상용화가 가장 앞서고 있는데, 미국에서는 웨이모가 샌프란시스코, LA 등지에서 무인 로보 택시 운행을 시작했고, 중국 바이두(Baidu

Apollo)는 우한, 충칭 등에서 무인 로보 택시 서비스를 시행하고 있다. 그 외에도 자율주행 셔틀, 자동 발렛 주차, 자율주행 트럭 등이 레벨 4 단계의 자율주행 서비스를 하고 있다.

각국은 이러한 기술 발전 속도나 시장 상황에 맞춰 자율주행차 관련 입법을 진행하고 있으며, 영국, 독일, 일본 등은 이미 레벨 4 차량을 대상으로 하는 법률을 제정 · 시행 중에 있다.

그러나 자율주행차가 기존 자동차를 단기간 내에 완전히 대체하기는 어렵다는 전망도 있다. 수많은 교통 상황과 돌발 변수에 대응해야 하는 자율주행차는 여전히 인간의 판단 능력을 완전히 대체하기에는 한계가 있기 때문이다. 특히 레벨 4 단계 자율주행은 작동 설계 영역(ODD, Operational Design Domain)의 범위에 따라 그 성능이 달라지므로, 앞으로 레벨 4 기술을 얼마나 안정적으로 확장할 수 있는지가 상용화의 핵심 과제라고 한다(한국교통연구원, 2025).

우리나라에서 자율주행차의 개념이 법으로 들어온 것은 2015년 「자동차관리법」 개정 때로, 2019년 「자율주행차법」을 제정했으며, 2023년에는 자율주행차를 포함한 모빌리티 분야에만 적용되는 규제 샌드박스 시행을 위한 「모빌리티 혁신 및 활성화 지원에 관한 법률」(「모빌리티혁신법」)을 제정해 2024년부터 시행하고 있다.

2016년 국토교통부가 레벨 3 단계 자율주행차에 대한 시험 · 연구 목적의 임시 운행을 처음 허가한 이후, 2024년 6월에는 레벨 4 단계 자율주행차에 대한 시험 목적 임시 운행을 허가했다. 현재 서울 상암, 판교, 광주 등 시범운행 지구 및 규제 자유 특구에서 실증 테스트가 진행 중이며, 정부는 2027년까지 레벨 4 상용화, 2035년까지는 대중화를 목표로 정책을 추진하고 있다(국토교통부, 2022.9).

자율주행차의 등장, 무엇이 바뀌는가

자율주행차의 도입은 우리 사회 전반에 걸쳐 다양한 변화를 예고한다. 자율주행차는 교통안전, 이동 효율성, 접근성 측면에서 획기적인 효과를 기대할 수 있는 혁신 기술이다. 운전자의 실수로 인한 교통사고를 줄이고, 차량 간 통신을 통한 정밀 주행으로 교통 정체를 완화할 수 있다. 고령자나 장애인 등 교통 약자의 이동권을 확대하고, 이동 중 차량을 여가 공간으로 활용하는 것도 가능하다. 자율주행차는 최적 경로 주행과 중단 없는 운행을 통해 에너지를 절감하고, 도로의 효율적 이용, 주차 수요

감소 등에 따라 환경 보호에도 긍정적인 영향을 미칠 것으로 기대된다. 특히 전체 교통사고의 90% 이상이 운전자 부주의로 발생한다는 점에서, 사고율 감소는 자율주행차 도입의 핵심적 유인이 된다(임이정 외, 2017). 실제 무인 로보 택시 웨이모의 보험 청구 건수는 일반 차량 대비 88%가 적은 것으로 나타나고 있다(허인학, 2024).

자율주행차 시대의 도로는 차량과 차량(V2V), 차량과 인프라(V2I), 차량과 보행자(V2P) 간 통신으로 교통 정보를 실시간으로 공유하는 자율 협력 주행 시스템(C-ITS, Cooperative Intelligent Transport System)의 이용을 전제로 하는 협력 인프라로 변모하고 있다. 도로는 인간 중심의 수동적 이용 환경과 차량의 단순한 물리적 이동 공간에서 정보통신 기반의 정보, 즉 도로 차선, 경사, 표지판, 신호 등 모든 도로상의 정보와 정밀 도로 지도를 데이터베이스로 하여 자율주행차와 공유하는 '자율주행 플랫폼'으로 변모할 것이다.

한편, 자율주행 시스템(ADS, Autonomous Driving System)의 기술적 오류나 비상 상황에 대한 대응 한계는 새로운 사고 위험을 초래할 수 있으며, 자율주행차와 일반 차량이 혼재된 도로에서는 운행 혼란으로 인한 사고 가능성이 높아질 수 있다. 디지털 취약 계층이 자율주행차 이용을 통한 기술의 수혜에서 배제되거나, 기존 운전 직종의 일자리 감소로 인한 노동 시장 재편 우려도 존재한다. 아울러 개인정보 수집 및 사이버 보안 문제, 사고 발생 시 책임 소재의 불분명성, 윤리적 판단 기준의 부재 등은 자율주행차 시대를 불안하게 하는 문제점이다.

자율주행 시대에는 새로운 유형의 범죄도 발생할 수 있다. 예컨대 자율주행차 시스템을 해킹하거나 조작하는 행위, 운전자가 없는 점을 악용한 마약 운반 등의 범죄, 자율주행 정보 기록 장치(DSSAD, Data Storage System for Automated Driving)의 조작 및 증거 인멸, 탑승자 프라이버시 침해, 알고리즘을 악용한 고의적 충돌 유도, 탑승객의 일탈 행위 등이 새로운 위험 요소로 등장하고 있다.

자율주행차는 기존 제조업 중심의 자동차 산업의 경계를 넘어서 교통 · 통신 · 보안 · 콘텐츠가 융합된 새로운 산업 생태계를 형성하고 있다. 첫째, 모빌리티 서비스 산업이 급성장하고 있다. 차량 소유 개념이 약화되고, 로보 택시, 자율 셔틀, 차량 공유 등 서비스 기반 이동 수단이 주류로 자리 잡으며, 온디맨드 모빌리티 플랫폼과 통합 교통 서비스(MaaS, Mobility as a Service) 산업이 본격화되고 있다. 둘째, 디지털 인프라 및 스마트 시티

산업이 자율주행과 밀접하게 연계되고 있다. 고정밀 지도, 스마트 교통 신호, 도로 인프라의 디지털화 등 도로 기반 인프라 산업이 새롭게 부상하고 있다. 셋째, 초고속 통신 및 데이터 기반 산업이 함께 발전하고 있다. V2X, 5G/6G 등 실시간 통신 서비스, 차량 운행 데이터와 센서 정보, 교통 흐름 데이터 등의 수집 · 분석을 위한 데이터 플랫폼 산업이 활성화되고 있다. 넷째, 사이버 보안 및 개인정보 보호 산업의 중요성도 크게 증가하고 있다. 차량 해킹, 위치 추적, 정보 유출을 방지하기 위한 보안 솔루션 및 개인정보 보호 기술이 핵심 산업으로 부상하고 있다. 다섯째, 차량 내 콘텐츠 및 엔터테인먼트 산업이 확대되고 있다. 자율주행 기능이 가능해지면서 차량은 이동 수단을 넘어 사무, 미디어, 쇼핑 공간으로 변화하고, 인포테인먼트(infotainment), 증강현실(AR), 음성 비서 등 다양한 콘텐츠 서비스의 수요가 증가하고 있다.

자율주행차, 어디까지 왔고, 무엇을 규제해야 하나

자율주행 기술은 센서 기술, 통신 기술, AI 기술을 핵심으로 한다. 이 기술은 크게 인지-판단-행동의 단계에 적용되며, 인공지능은 카메라 · 라이다(LiDAR) 등 다양한 센서 정보와 고정밀 지도를 결합해 주변 환경을 인식하고, GPS 및 센서 데이터를 활용해 차량의 정확한 위치를 파악한다. 그 후 주변 객체의 움직임을 예측하고 종합적으로 분석해 최적의 주행 경로와 속도를 계획하며, 이에 따라 조향, 가속, 제동 등을 정밀하게 제어해 차량을 운행한다.

자율주행 기술은 자율주행차에 국한되지 않는다. 택배 로봇, 중장비(예: 굴삭기), 선박, 도심 항공 교통(UAM, Urban Air Mobility) 등 다양한 모빌리티 분야에도 적용되고 있다. 이를 위해 우리나라는 2023년 「모빌리티혁신법」을 제정해 시행 중이다. 이 중 자율주행차는 빠른 운행 속도, 예측 불가능한 도로 변수, 인명과 직결되는 사고 위험 등으로 인해 대중화에 시간이 더 소요되고 있다. 특히 자율주행차에 장착된 인공지능이 인간의 생명과 신체에 위해를 가할 수 있다는 점에서 강력한 규제의 필요성이 제기된다.

자율주행차에 대한 규제는 크게 두 가지 방향에서 이뤄진다. 첫째는 인공지능에 대한 규제다. 사회학자 울리히 벡(Ulrich Beck)의 '위험 사회' 이론에 따르면, 현대사회는 기술 발전이 만들어 낸 통제 불가능한 위험에 직면하고 있으며 이에 대한 대응이 필수적이라고 한다. 인공지능에 대한 규제는 기술 기반 위험을 사전에 예방하고, 사회적 책임을 확보하기 위한 제도적 장치로 기능한다.

인공지능이 인간의 생명에 직접적인 위협이 될 수 있다는 점은 최근 우크라이나 전쟁에서 드러난 군사용 드론의 활용 사례에서 명확히 확인할 수 있다. 마찬가지로, 도로 위 자율주행차도 생명과 신체의 안전에 실질적인 위협을 가할 수 있으므로 인공지능에 대한 규제는 불가피하다. 이에 따라 세계 각국은 인공지능에 대한 규제 체계를 정비하고 있다.

EU는 2024년 세계 최초로 「인공지능법(AI Act)」을 제정했다. 동 법은 인공지능을 허용 불가 위험(Unacceptable Risk), 고위험(High Risk), 제한된 위험(Limited Risk), 최소 위험(Minimal Risk)의 네 등급으로 분류하고, 위험 수준에 따라 차등적으로 규제한다. 자율주행차에 탑재된 인공지능 시스템은 고위험 인공지능으로 분류되며, 생명 · 신체 · 재산에 중대한 영향을 미칠 수 있는 점을 근거로 한다.

이에 따라 자율주행 시스템을 개발하거나 제조하는 기업은 사전 적합성 평가를 받아야 하고, 고품질 학습 데이터 사용, 위험 관리 시스템 구축, 시스템의 투명성과 설명 가능성 확보, 인간 개입 가능성 보장, 사이버 보안 대책 수립 등의 엄격한 의무를 이행해야 한다.

우리나라도 2025년 「인공지능기본법」을 제정했고, 2026년부터 시행될 예정이다. 이 법은 생명 · 신체 · 기본권 등에 중대한 영향을 미치거나 위험을 초래할 우려가 있는 인공지능시스템을 '고영향 인공지능'으로 정의하고, 이를 집중 규제 대상으로 삼고 있다. 고영향 인공지능의 적용 대상은 법률 및 시행령에서 열거하는 방식으로 규정되며, 자율주행차는 「교통안전법」상 교통수단으로 고영향 인공지능에 해당한다. 고영향 인공지능을 개발 · 운용하는 사업자에게는 투명성 · 안전성 확보, 사전 검토 및 영향 평가 등 다양한 의무를 부과하고 있다.

둘째는 자율주행차에 대한 규제다. 자율주행차는 인공지능 기반 자동차이므로, 규제 역시 인공지능에 대한 규제와 차량 운행에 대한 규제로 구분할 수 있다. 인공지능에 대한 규제는 위에서 설명한 바와 같이 EU나 한국의 기본법에 따라 고위험 또는 고영향 인공지능의 일환으로 관리된다. 예를 들어 자율주행 시스템의 안전기준 설정, 사이버 보안 관리 체계, 소프트웨어 업데이트의 적정성 검토 등은 인공지능 규제의 세부 내용이다.

이와 비교해, 차량 운행과 직접 관련된 규제는 운전자의 개념, 주의의무 등 도로 교통 규칙, 사고 시 책임, 보험 가입 의무 등으로 구성된다. 자율주행차 관련 법체계는 국가마다 다르지만, 대부분 기존의 「자동차법」과 「도로교통법」을 중심으로 규율하고 있다. 우리나라에서는 「자동차관리법」이 자율주행차의 안전기준을, 「도로교통법」이 자율주행차 운전자의 의무를, 「자배법」이 책임보험의 가입과 사고 조사 절차를 각각 규정하고 있다.

자율주행차 관련 법적 이슈는 결국 기존 자동차 운행 법제를 AI 기반의 자율주행 기술에 적절히 접목시키는 과정에서 재검토되어야 할 부분으로 정리할 수 있는데, 궁극적인 질문은 자율주행차의 운전 기능을 수행하는 인공지능을 인간 운전자와 비교할 때 어떤 지위를 부여해야 하는가 하는 점이다. 레벨 4 이상의 경우에는 운전 역할을 인공지능에게 운전에 따른 직접적인 책임을 묻기 어려워 이에 대체하는 '새로운 책임 주체'의 개념을 고안하고 있다.

호주의 ADSE(ADS Entity)는 ADS의 운전자의 지위를 일단 긍정하되 권리능력이 없으므로 ADS의 운전 행위에 대신해 후견인처럼 책임을 지는 방식이다. 미국의 ADP(Automated Driving Provider)는 ADS를 운전자로

보는 것이 아니라 ADP를 직접 운전자로 보고 책임을 지는 개념이다. 독일의 기술 감독자(Technische Aufsicht)는 레벨 4 차량에서 자율주행차의 제어권을 가진 자연인으로 규정하고 있다. 일본의 특정자동운행 업무 종사자(特定自動運行業務従事者)는 레벨 4 차량에 대해 특정자동운행의 허가를 받고 운영 전반에 책임을 지는 주체다. 영국의 ASDE(Authorized Self-Driving Entity)는 레벨 4 차량에 대한 자율주행차 운영 자격을 공식적으로 부여받은 자를 말한다. 이들은 차량 제조사, 소프트웨어 개발사, 차량 보유자, 차량 운영자 등 다양한 사업자가 포함되고, 독일의 기술 감독자는 자연인에 한정된다. 또한 원격 운전자에 의해 차량의 동적 제어가 수행되는 경우의 '원격 관리 제공자'와 '원격 행위자'도 있다(UNECE).

자율주행차 시대, 무엇이 법의 문제인가

자율주행차를 둘러싼 법적 이슈는 기초적이면서도 일반적인 내용 위주로 선정했다. 총론적인 주제에서 시작해 각론적 주제로 연결하고, 현재 논의 수준과 향후 방향성을 소개하고자 했다. 이러한 리걸 이슈는 기술의 발달에 따라 내용의 변화는 물론 새로운 쟁점도 끊임없이 제기될 것으로 본다.

첫째, 이 책의 서론에서는 AI 규제의 차원에서 자율주행차에 대한 법적 문제를 다룬다. 자율주행차의 법적 쟁점은 본질적으로 인공지능 기술에 기반하고 있다는 점에서 출발하며, 이에 따라 인공지능 기술에 대해 살펴보고, 인공지능 규제의 이론과 현재의 규제 현황을 검토한다. 자율주행차의 인공지능 기술을 알아보기 위해서는 그 기초로 미국자동차공학회(SAE, Society of Automotive Engineers)가 정한 자율주행 기술 단계를 이해해야 한다. 현재 전 세계 자율주행차의 구분과 입법에 표준 역할을 한다. 이를 바탕으로 자율주행차의 AI 기술의 현황과 AI 자율주행차에 대한 현행 규제 현황을 개관한다.

둘째, 자율주행차의 AI 윤리 문제다. 자동차의 운전은 '도로에서 자동차를 그 본래의 사용 방법에 따라 사용하는 것'을 의미하므로(「도로교통법」 제2조제26호), 운전 간에 발생하는 모든 상황에 대한 판단은 운전자의 몫이다. 인간 운전자는 각종 법령, 윤리 등에 준거해 이러한 판단을 하지만, 자율주행차의 자율주행 시스템은 무엇을 근거로 이러한 판단을 할 수 있을까. 여기에서 자율주행차 윤리의 문제가 발생한다. 이 주제에서는 자율주행차 윤리의 필요성과 각국의 현황 및 향후 과제를 알아보

기로 한다.

셋째, 자율주행차의 국내외 규제법으로 총론적 고찰에 해당한다. 이 주제에서는 전반적으로 자율주행차의 법적 이슈에 대해 국내외에서 어떤 입법을 하고 있는지 개관한다. 자율주행차 운행의 4대 요소라 할 수 있는 자동차, 운전자, 도로, 정보통신 관련 법제 현황을 살펴본다. 특히 각국의 법제를 비교할 때 현재 어느 레벨의 자율주행차를 대상으로 하는지, 그리고 「자동차법」 또는 「도로교통법」 중 무엇을 대상으로 하는지 관심을 두는 것이 법제 이해에 도움이 된다.

넷째, 각론적 고찰의 첫째 주제로, 자동차 법제에 대한 이슈를 다룬다. 자동차 법제는 자동차의 안전한 운행을 담보하기 위한 기계적 안전을 내용으로 하는 안전 규제법의 성격을 가지므로 자율주행차라고 해 달라질 것이 없다. 따라서 이 법제에서는 자율주행차 또는 자율주행 시스템의 개념 정의, 안전기준을 어떻게 정하고 있는지 이해해야 한다. 그리고 자동차는 국제적으로 교역이 활발한 공산품으로서, 안전기준 등의 국제적 조화가 필요한 분야이므로 관련 국제 조약을 알아본다.

다섯째, 운전자는 자동차 운행의 인적 요소다. 자율주행차에는 레벨 4 이상에는 인간 운전자 대신 로봇이 그 역할을 수행한다. 이러한 운전 작업을 하는 로봇의 운전 행위를 어떻게 취급할 것인지의 이론을 알아본다. 「제네바 협약」 및 「비엔나 협약」의 변화 내용과 각국의 대응 방안을 알아본다.

여섯째, 자율주행차의 데이터 또는 개인정보 보호를 다룬다. 자율주행차 운행에서 데이터 수집과 활용은 필수적이고, 그에 따라 데이터 보호, 특히 개인정보의 보호 문제가 중요하다. 데이터 보호와 활용에 대한 정보 주체와 사업자 간의 견해 차이를 보고, 현행 법제의 한계와 향후 입법 방향을 본다.

일곱째, 자율주행차의 사이버 안전을 다룬다. 사이버 공격 및 위협의 폐해와 그에 대응하는 기술적 조치를 알아보고, 국내외 규범을 본다. 이는 단순히 「자동차법」의 문제에 그치는 것이 아니라 「정보통신망법」 등 다양한 법제가 관여하는 영역에 해당한다.

여덟째, 자율주행차 교통사고 시 민사책임은 운전자의 책임, 「자배법」에 의한 운행자 책임, 제조물 책임으로 구분할 수 있다. 그러나 운행자 책임에 대한 책임보험을 의무화하고 있어서 1차적으로 운행자 책임에 의해 해결되는 것이 보통이다. 다만 운전자 책임의 주체가 누구인지, 소프트웨어 결함 시 제조물 책임을 적용할 수 있는지 쟁점이 있다. 복잡한 사고 원인 규명을 위해 사고 조사 절차, 입증 책임 전환 논의가 있다.

아홉째, 자율주행차의 교통사고의 형사책임 문제다. 여기서는 운전 행위를 한 인공지능에게 형사상 책임 능력을 인정할 수 있는가의 근본적인 질문에서 시작한다. 레벨별 형사책임의 주체가 달라진다. 자율주행차 시대에는 형사책임이 운전자 중심에서 제조자나 설계자, 운영자 등으로 다변화될 것이고, 새로운 범죄 유형의 등장도 예상할 수 있다.

열째, 보험제도는 자율주행차의 상용화 및 수용성 제고의 필수적인 제도다. 해외에서는 자율주행차 운행 관련한 책임보험을 의무화하고 있으며, 전용 보험도 판매하고 있다. 우리나라에서도 일반 자동차종합보험에서 자율주행차 특약으로 판매하고 있다. 자율주행차의 대중화를 앞당기기 위해서는 피보험자, 보험료, 보상 기준 등에 대한 적합한 기준을 마련해야 한다.

법은 어떻게 기술을 따라갈 것인가

자율주행차를 둘러싸고 발생되는 리걸 이슈는 다양하지만, 기존의 자동차의 법적 쟁점과 비교할 때 인공지능에 의한 운전을 어떻게 취급할 것인가 하는 점이 핵심 사항이다. 특히 레벨 4 이상의 단계에서는 인간 운전자에 완전히 대체하는 로봇 운전자의 운전을 법적으로 평가해야 하고, 여전히 안전 운전이 중요한 규제의 목적이 될 것이므로 로봇에게 어떻게 의무를 부과할 것인가의 문제다. 여기서 운전자 규제 논리와 같이, 자율주행 시스템을 운전자로 취급해 그에 대한 규제 논의가 나오고 있는 것이다. 각국은 자율주행차의 상용화 또는 대중화에 맞추어 경쟁적으로 규제 법제를 쏟아내고 있다.

한 가지 유의할 점은, 기술 발전 속도에 규제 속도를 무리하게 맞추려 해서는 안 된다는 점이다. 법 제도가 기술의 발전을 따라가지 못한다는 비판이 존재하지만, 규제는 가능하면 천천히, 신중하게 도입해야 한다. 기술의 초기 단계에서 과도한 규제가 시행될 경우, 기술 혁신 자체를 위축시킬 수 있기 때문이다. 따라서 자율주행차를 둘러싼 법적 이슈에 대해 섣부르게 정답을 찾거나 그에 따른 입법을 하는 것은 바람직하지 않다. 아직 자율주행차는 레벨 4에서 작동 설계 영역(ODD)의 범위를 넓혀가는 과정이기 때문에 자칫 높은 레벨을 대상으로 규제 법제를 형성하는 것은 바람직하지 않다. '기술은 빠르게, 규제는 신중하게'라는 원칙 아래 점진적이고 유연한 규제 접근이 요구된다.

참고문헌

KTV 국민방송(2024.6.12). “국내 첫 ‘완전 무인 자율주행차’ 임시운행 허가”. https://www.ktv.go.kr/program/home/PG2180013D/content/703403

국토교통부(2022.9). “모빌리티 혁신 로드맵”. https://www.molit.go.kr/USR/NEWS/m_71/dtl.jsp?lcmspage=1&id=95087208

박준환(2022.9.23). “운전자가 없는 자율주행을 고려한 일본의 「道路交通法」 개정 동향과 시사점”. 국회입법조사처, 《이슈와 논점》, 1994.

박희수(2024.12). “자율주행차에 있어 형사책임의 귀속 주체와 그 내용에 관한 고찰”. 《이화여대 법학논집》, 29(2).

방현하(2024.7.22). “국토교통부 모빌리티 총괄과장 [기고] ‘모빌리티법’ 제정의 의의와 기대효과”. 《국토교통뉴스》. https://www.guktonews.co.kr/1655

오삼권(2024.7.9). “우한에만 로보택시 500대…한국 자율주행 경험, 중국 1%뿐 [차이나테크의 역습]”. 《중앙일보》. https://www.joongang.co.kr/article/25262154

이중기 외(2020). 《자율주행차의 법과 윤리》. 박영사.

이중기(2018). “자율주행차의 운전자 지위와 인격성 – 자동차, 운전자, 인격에 대한 의식의 변화와 그 해석”. In 윤진수 외 편, 《법학에서 위험한 생각들》. 법문사.

이중기(2020). “SAE 자동차단계 구분과 운전작업의 분류: 운전자책임, 안전기준규제, 제조물책임에 대한 영향”. 《중앙대학교 법학논문집》, 44(1).

임이정 외(2017). “자율주행차량의 윤리적 문제 점검을 위한 시뮬레이션 연구". 《한국ITS학회논문집》, 16(2).
한국교통연구원(2025.2.6). "자율주행차 기술 개발 현황과 모빌리티 서비스 전망". https://blog.naver.com/koti10/223749516018
한국산업기술진흥원(2023). 《글로벌 자율주행 정책 및 산업동향》.
허인학(2024.12.20). "웨이모, 로보 택시 보험 청구 건수 88% 적어". 《IT조선》.
https://it.chosun.com/news/articleView.html?idxno=2023092130342
황창근 · 이중기(2016). "자율주행자동차 운행을 위한 행정규제개선의 시론적 고찰". 《홍익법학》, 17(2).
황창근(2025). "생명과 신체의 안전 보호를 위한 인공지능 규제법제의 쟁점". 《AI법제 Insight》, 24(1).
Beck, U.(1986). *Risikogesellschaft – Auf dem weg in eine andere moderne*. 홍성태 옮김(2006). 《위험사회: 새로운 근대(성)을 향하여》. 새물결.

01
AI 규제와 자율주행차

자율주행차의 운행은 인지, 판단, 제어 등 단계별로 다양한 AI 기술을 기반으로 한다. 사람의 생명이나 신체 등 기본권에 대한 침해 위험 즉 인공지능이 가지는 위험에 대비해 각국은 AI 규제를 도입하고 있다. 여기에는 「EU AI Act」나 우리나라의 「인공지능기본법」과 같은 총론적 규제 방식과 자율주행차 규제와 같은 개별적 규제 방식으로 구분할 수 있다.

AI와 1인 창업?

AI는 어떻게 규제해야 하는가

인공지능의 위험으로 인한 규제 논의는 오래되었고, 아래에서는 규제 원칙과 입법 동향에 대해 살펴보고자 한다.

인공지능 규제 원칙으로 논의되는 것은 다음과 같다. 첫째, 인공지능의 위험이 불확실한 경우에도 그 위험으로 인한 손해가 중대하고 회복 불가능한 경우에는 그 위험이 확실해지기 전에 그 위험을 방지하거나 축소하는 조치를 취해야 한다는 사전 규제 원칙이다. 이에 따라 인공지능 제품이나 서비스에 대한 위험 평가, 안전기준, 사전적 인증, 투명성과 신뢰성 확보 조치, 제품 출시에 대한 허가(승인) 제도 등을 마련하고 있다. 둘째, 사람의 생명, 신체의 안전에 피해가 발생한 경우, 그 손해를 회복하고 그로써 침해의 억지력을 부여하기 위한 사후적 책임을 규정하는 책임성 원칙이다. 셋째, 인공지능에 의해 위험 초래가 예상되는 대상의 위험 정도에 따라 규제의 내용이나 체계가 달라져야 한다는 위험 기반 접근 방법(Risk Based Approach) 또는 차등 규제 원칙이 있다. 이는 「EU AI Act」와 우리나라 「인공지능기본법」이 채택하는 방식이다. 넷째, AI 기술의 빠른 발전과 다양성을 고려해, 정부의 일방적인 규제만으로는 충분하지 않으므로, 산업계 · 전문가 · 시민사회 등이 스스로 기준과 원칙을 설정하고 이를 준수하도록 유도하는 자율 규제 원칙이 있다.

입법 동향을 보면 AI 규제는 총론적 규제와 개별적 규제로 구분할 수 있다. 총론적 규제는 인공지능에 대한 규제의 원칙이나 방향 등을 제시하는 것으로 규제의 구체성이나 강도가 상대적으로 약하고, 개별적 규제는 인공지능 제품이나 서비스에 특유한 규제를 하는 만큼 구체적이고 실효적이라는 특징이 있다.

총론적 규제의 입법례는 EU의 2024년 「EU AI Act」와 우리나라의 2025년 「인공지능기본법」을 들 수 있다. 이 법들은 사람의 생명이나 신체, 재산권 등 기본권에 위험 또는 영향을 미치는 인공지능을 규제대상으로 하고, 주로 다양한 사전적 예방적 차원의 정책 수단을 규정하고 있다. EU에서는 인공지능을 '허용불가 위험(Unacceptable Risk)', '고위험(High Risk)', '제한된 위험(Limited Risk)', '최소위험(Minimal Risk)'의 네 가지로 구분하고, 우리나라 기본법에서는 '고영향 인공지능'으로 정의하고 있다. 위 두 개 국가를 제외하고는 인공지능에 대한 일반적이고 총론적인 규제 입법은 세계적으로 입법례를 찾아보기 어렵다. 그 이유는 아직 인공지능 제품이나 서비스가 상용화 또는 대중화되지 않은 상태에서 무엇을 어떻게 규제할 것인지 일반화하기 어렵기 때문이다.

그에 비해 개별 AI 서비스나 제품에 대한 각론적 규제는 다양하게 발전하고 있다. 자율주행차에 적용되는 AI는 사람의 생명과 신체에 중대한 영향을 미치거나 위험을 초래할 우려가 있는 인공지능 시스템이라고 할 것이므로 '고위험 인공지능' 또는 '고영향 인공지능'에 해당한다. 자율주행차에 대한 규제는 인공지능 서비스 중에서 가장 먼저 상용화되고 대중화될 것으로 예상을 하고, 현재도 상당 부분 이용되기 때문에 '위험의 예방' 차원에서의 규제가 시급히 채택된 것이다.

SAE 자율주행 단계

미국자동차공학회(SAE International)는 2014년 1월, 자율주행 기술을 레벨 0부터 레벨 5까지 총 6단계로 구분한 'SAE J3016 기준'을 발표했는데, 이는 오늘날 자율주행 기술의 국제 표준으로 자리 잡고 있다.

레벨 0(수동 운전)은 운전의 전 과정을 인간 운전자가 직접 수행하는 단계다.

레벨 1(운전자 보조)은 운전 보조 기능이 일부 제공되지만, 운전자가 대부분의 주행을 통제한다는 점에서 자율주행 단계로 보기는 어렵다.

레벨 2(부분 자동화)는 자동화 시스템이 차량의 조향 및 가속 · 감속 등을 제어하지만, 운전자가 시스템을 상시 감독해야 한다.

레벨 3(조건부 자동화)부터는 자율주행 시스템이 역동적 운전 작업(DDT, Dynamic Driving Task) 전부를 수행하며, 운전자는 시스템의 개입 요청에 대비해 대기한 후 비상 상황에 대응한다.

레벨 4(고도 자동화)는 자율주행 시스템이 운전 작업 및 비상 상황 대응까지 모두 수행하며, 사용자는 시스템 개입 요청에 응답할 필요가 없다. 단 주행 가능 조건이 사전에 정의된 작동 설계 영역(ODD) 내에서만 작동한다.

레벨 5(완전 자동화)는 환경 조건과 무관하게 모든 도로 및 상황에서 자율주행이 가능한 상태로, ODD의 제한이 없다.

SAE 단계별 입법 동향을 살펴보면, 우리나라는 레벨 3 단계 자율주행차를 대상으로 입법이 이뤄지고 있으며, 독일, 일본, 영국은 무인 자율주행차를 포함한 레벨 4에 대응하는 입법을 추진하고 있다.

* 역동적 운전 작업(DDT, Dynamic Driving Task): 차량을

도로 교통상에서 작동시키기 위해서 요구되는 실시간의 조작적 및 전술적 기능을 말한다.

** 자율주행 시스템(ADS, Automated Driving System): 역동적 운전 작업 전부를 지속적으로 수행할 수 있는 하드웨어와 소프트웨어의 집합체를 말한다.

*** 작동 설계 영역(ODD, Operational Design Domain): 자율주행 시스템 또는 그 시스템의 어느 기능이 작동할 수 있는 구체적으로 설계된 작동 조건을 말한다.

자율주행차의 AI 기술의 구조와 쟁점

자율주행차에서 핵심적인 역할을 수행하는 인공지능 기술은 일반적으로 인지-판단-제어의 단계로 구분해 볼 수 있다. 첫째, 인지(Perception) 단계는 외부 환경을 인식해 차량 주변 상황을 파악하는 것이다. 컴퓨터 비전(Computer Vision)은 카메라를 활용해 타 차량, 보행자, 신호등, 표지판, 차선 등을 탐지한다. 라이다, 레이더(Radar) 기술은 딥 러닝(Deep Learning)을 기반으로 3D 공간 정보를 해석해 주변 차량과 구조물을 감시한다. 센서 융합(Sensor Fusion) 기술은 라이다, 레이더, 카메라 등 다양한 센서에서 수집한 데이터를 통합하는 기능을 수행한다. 둘째, 판단 및 예측(Prediction and Decision

Making) 단계에서는 인지된 정보를 바탕으로 행동을 예측하고 주행 결정을 내린다. 주요 기술로는 미래 행동 예측 모델, 강화 학습 기반 의사결정 알고리즘, 실시간 충돌 가능성 분석을 통한 위험도 평가 시스템이 있다. 셋째, 제어(Control) 단계는 판단 결과에 따라 차량을 실제로 조작하는 단계다. 운행 경로 계획(Path Planning)과 운동 제어 알고리즘으로 차량의 조향, 가속, 감속 등을 정밀하게 제어한다. 넷째, 위치 추정(Localization & Mapping) 기술은 차량의 위치를 정확히 인식하고, 이를 고정밀 지도에 반영하는 역할을 한다. 동시적 위치 추정 및 지도 작성(SLAM, Simultaneous Localization and Mapping) 기술은 AI가 주행 중 실시간으로 지도를 생성하고 위치를 추정한다. 다섯째, 시스템 통합 및 운영 관리 기술은 자율주행 시스템 전반의 흐름을 통제한다. AI 운영체제는 인지, 판단, 제어 등 모든 요소 간 정보 흐름을 조율하고, 자율주행 시나리오 학습 기술은 다양한 주행 상황을 사전에 학습한다.

AI 자율주행차 규제 각론: 실정법에 따른 적용과 과제

이처럼 자율주행차에 적용되는 AI 기술은 각기 다른 기능을 수행하고, 그에 따라 적용되는 법규와 쟁점도 상이하기 마련이다. AI 기술에 대한 규제는 자동차의 안전기준을 엄격하게 설정하고 준수함으로써 사고 발생을 예방하고, 사고 발생 시의 책임 귀속 문제를 원활하게 하기 위함이다.

자율주행 기술의 안전 규제는 주로 자동차 관계법에서 다루는 것이 일반적이다. 「자동차관리법」과 「자율주행차법」에서는 자율주행차와 자율주행 시스템의 개념을 정의하고 있는데, 특히 자율주행 시스템의 정의가 AI 자율주행차의 규제의 기초가 되는 개념이다. 즉 자율주행 시스템은 "운전자 또는 승객의 조작 없이 주변 상황과 도로 정보를 스스로 인지하고 판단해 차량을 운행할 수 있도록 하는 자동화 장비, 소프트웨어 및 관련 장치"로 정의되며(「자율주행차법」 제2조), 그 수준에 따라 부분 자율주행, 조건부 완전 자율주행, 완전 자율주행 시스템으로 구분된다(「자동차규칙」 제111조). 이러한 정의와 분류는 「도로교통법」에서도 준용하고 있다. 또한 「자동차관리법」은 자율수행 시스템에 대한 안전기준 설정, 형식 승인 제도 등을 마련하고 있으며, 「자율주행차법」은 시험 운행 허가 제도, 사고 기록 장치 및 자율주행 정보 기록 장치(DSSAD)의 설치 의무, 보험 가입 의무도 규정하고 있다.

또한 정밀 지도는 동시적 위치 추정 및 지도 작성(SLAM)과 함께 경로 설정에 필수적인데, 「공간정보의 구축 및 관리 등에 관한 법률」 제2조제8호에 따른 측량성과를 말한다고 규정하고 있다(「자율주행차법」 제2조제4호). 그 밖에도 자율협력주행을 위해 「도로교통법」이나 통신관계법의 규제도 적용된다.

향후 자율주행 기술의 고도화와 함께 관련 법규의 정비가 병행되어야 하며, 이는 기술 혁신과 사회적 수용성 사이에서 진흥과 규제의 균형을 어떻게 유지할 것인가가 관건이라고 하겠다.

표 1-1. SAE 자율주행 단계 요약

단계	단계의 명칭	서술적 정의	역동적 운전작업		비상상황 대처	작동설계 영역
			연속된 횡방향 및 종방향의 자동차 동작 제어	사물과 사건의 감지 및 대응		
운전자가 역동적 운전작업의 전부 혹은 일부를 수행한다.						
0	수동운전	운전자가 역동적 운전작업 전체를 수행함. 능동적 안전시스템의 도움을 받는 경우에도 수동운전임	운전자	운전자	운전자	해당없음
1	운전자보조	운전자동화시스템이 지속적이고 작동설계영역에 국한된 횡방향 또는 종방향의 자동차동작제어를 수행하고(두가지 제어를 동시에 수행하지는 않음), 운전자는 나머지 역동적 운전작업을 수행할 것을 기대함	운전자와 자동화시스템	운전자	운전자	제한됨
2	부분자동화	운전자동화시스템이 지속적이고 작동설계영역에 국한된 횡방향 및 종방향의 자동차동작제어를 수행하고, 운전자는 사물과 사건 감지 및 대응을 완수하고 운전자동화시스템을 감독할 것을 기대함	자동화시스템	운전자	운전자	제한됨

자율주행 시스템이 역동적운전작업의 전부를 수행한다.						
3	조건부자동화	자율주행 시스템이 지속적이고 작동설계영역에 국한된 역동적 운전작업의 전부를 수행하고, 사용자는 ADS가 발할 개입요구 및 역동적 운전작업과 관련된 기능이상에 대비해 준비하고 있다가 개입요구나 기능이상이 있게 되면 적절히 비상상황에 대처할 것을 기대함	ADS	ADS	비상조치를 준비한 사용자(비상시 운전자가 됨)	제한됨
4	고도의 자동화	자율주행 시스템이 지속적이고 작동설계영역에 국한된 역동적 운전작업의 전부 및 비상상황대처 조치를 수행하고, 사용자는 ADS의 개입요구에 응할 것으로 기대하지 않음	ADS	ADS	ADS	제한됨
5	완전자동화	자율주행 시스템(ADS)이 지속적이고 무조건적인 (즉 작동설계영역에 국한되지 않은) 역동적 운전작업 및 비상상황대처 조치를 수행하고, 사용자는 ADS의 개입요구에 응할 것으로 기대하지 않음	ADS	ADS	ADS	

출처: 이중기·황기연·황창근(2020). 《자율주행차의 법과 윤리》. 박영사. 147쪽.

참고문헌

김재겸 외(2021.9). "자율주행을 위한 인공지능 기술 동향 및 발전 방향". 《모빌리티연구》, 1(2).

이중기 외(2017.12). 《자율주행차의 개인정보 보호체계 및 규제방식에 관한 연구》. 개인정보보호위원회.

이중기(2020). "SAE 자동차단계 구분과 운전작업의 분류: 운전자책임, 안전기준규제, 제조물책임에 대한 영향". 《중앙대학교 법학논문집》, 44(1).

황창근(2025). "생명과 신체의 안전 보호를 위한 인공지능 규제법제의 쟁점". 《AI법제 Insight》, 24(1).

02
자율주행차의 윤리

자율주행차의 상용화는 단순한 기술적 완성도만으로 이뤄지지 않으며, 윤리적 정당성의 확보가 핵심적인 조건으로 작용한다. 특히 '트롤리 딜레마'와 같은 윤리적 선택 상황, 그리고 자율주행차 운행 중 발생할 수 있는 비정상적 · 우발적 위기 상황에 대응하기 위한 윤리 기준의 설정이 필요하다. 이러한 윤리 기준은 사회적 합의에 기반해야 하며, 실효성을 확보하기 위해 각국은 이를 가이드라인 형태로 제정해 정책적 방향을 제시하고 있다.

AI와 MBTI?

자율주행차에 윤리가 필요한 이유

일반 자동차의 운행에서는 윤리적 문제를 특별히 논의하지 않지만, 자율주행차에서는 윤리적 정당성이 핵심 쟁점으로 부각된다. 그 이유는 자율주행차가 센서, 지도, 인공지능 알고리즘을 기반으로 상황 인식-판단-행동을 스스로 수행하는 구조를 갖기 때문이다. 이러한 판단과 행동은 인간이 수행하던 전통적인 역할과 대비되는데, 인간은 이를 수행할 때 법이나 윤리와 같은 규범적 기준을 준거로 삼는다.

자율주행차의 자율성은 알고리즘으로 구현되며, 그 알고리즘에는 법적 기준이 반영되지만, 현실에서는 모든 상황을 법률로 포섭하기 어렵다는 한계가 존재한다. 인간은 법이 미치지 못하는 상황에서도 사회 상식이나 윤리적 기준에 따라 판단하지만, 자율주행 시스템은 그러한 비공식적 규범을 그대로 대체할 수 없다. 이처럼 윤리는 법의 공백을 메우는 역할을 하며, 자율주행차의 윤리 논의는 바로 이 지점에서 출발한다.

트롤리 딜레마를 넘어서: 자율주행차 윤리와 위기 관리

대표적인 사례로 '트롤리 딜레마(Trolley Dilemma)'가 자율주행 윤리 논의의 출발점이 되었다. 이는 달리는 전차가 선로에서 갈림길에 다다랐을 때, 계속 직진하면 5명을 치고, 선로를 바꾸면 1명을 치게 되는 딜레마적 상황이다. 어떤 선택을 하더라도 인명 피해를 피할 수 없는 상황에서 윤리적 판단의 기준이 무엇인가를 묻는다.

이 딜레마는 자율주행차에 적용되어 다음과 같은 상황으로 변환된다. 예컨대 자율주행차가 돌발적으로 진입한 보행자를 피하지 못하는 상황에서, 차선을 유지하면 보행자가 사망하고, 회피 조작을 하면 탑승자가 사망할 수 있는 경우다. 이러한 경우 자율주행 알고리즘은 어떤 기준에 따라 판단해야 하는가? 이에 대해 다음 세 가지 윤리적 접근이 논의된다. 첫째, 전체 피해를 최소화하는 방향을 선택해야 하는 공리적 접근, 인간을 수단화하지 않도록 특정 희생을 의도적으로 선택해서는 안 된다는 의무론적 접근, 사회적 합의에 따라 미리 기준을 설정하고, 시스템은 그 원칙에 따라 작동해야 한다는 계약주의적 접근이 그것이다. 이 중 어느 하나의 접근 방식이 절대적으로 우월하다고 단정할 수는 없으며, 각 방식은 서로 다른 윤리적 가치와 정책적 선택을 반영한다.

그러나 최근에는 자율주행차의 윤리 문제를 단순히 '트롤리 딜레마'와 같은 극단적 상황에 한정하지 않고,

운행 중 비정상적이거나 예측 불가능한 위기 상황에 대한 대응 능력, 즉 윤리적 위기관리의 문제로 전환해 가고 있다. 그 이유는 트롤리 딜레마가 본질적으로 사고 실험이라는 점에서 추상적이고 이분법적이며, 실제 교통사고 상황과는 거리가 있다는 점 때문이다(변순용 외, 2018). 따라서 자율주행차의 윤리는 위와 같은 피할 수 없는 사고와 그에 따른 윤리적 선택 상황이 발생되지 않도록 미리 설계나 제조 단계에서 예방 조치를 취하는 것이 필요하다는 점에서 의의를 찾을 수 있다.

이러한 현실적 배경에서 각국은 자율주행차의 윤리적 판단 기준을 법률이 아닌 가이드라인 형태의 정책 문서로 제정하고 있으며, 이는 기술의 상용화를 위한 사회적 신뢰 확보와 책임의 명확화, 기술 수용성 향상이라는 목적에 부합한다. 예컨대 국토교통부의 「자율주행차 윤리 가이드라인」은 자율주행차가 직면할 수 있는 다양한 윤리적 문제에 대한 기본 원칙을 제시하고 있다.

자율주행차 윤리 기준의 발전과 적용

자율주행차의 다양한 이해관계자에게 적용 가능한 바람직한 윤리 기준을 보급하기 위해, 각국 정부는 윤리 가이드라인을 제정하거나 법률을 통해 그 제정 및 준수를 촉

구하고 있다. 자율주행차가 마주할 수 있는 윤리적 상황은 복잡하고 다양하기 때문에 구체적인 윤리 기준을 마련하기 위해서는 관련 전문가의 숙의와 사회적 합의 절차가 필수적이다.

먼저 인공지능 전반에 관한 다양한 윤리 가이드라인이 국제적으로 발표되어 왔다. 가장 이른 사례는 아이작 아시모프(Isaac Asimov)가 1942년 자신의 소설《런어라운드(Runaround)》에서 언급한 로봇윤리 3원칙에서 시작해, 2017년 아실로마(Asilomar) AI 원칙, 2017년 국제전기전자공학협회(IEEE)의 지능형 자율 시스템 윤리적 디자인(EAD) 가이드라인, 2019년 EU에서 발표한 신뢰할 수 있는 AI 윤리 가이드라인(EU Ethics Guidelines for Trustworthy AI), 2019년 베이징 AI 원칙(Beijing AI Principles) 등이 있다.

자율주행차 윤리에 특화된 가이드라인을 보면, 독일이 2017년 세계 최초로 「자율주행차 윤리강령」을 발표했고, 미국은 2016년 9월 「자율주행차 설계 지침」을 발표한 이후 이를 지속적으로 개정하고 있다.

우리나라도 2019년 국토교통부가 「자율주행차 윤리 가이드라인」 초안을 공개한 후 각계의 의견 수렴을 거쳐 2020년 12월 15일 최종안을 발표했다. 우리나라의 「자율주행차 윤리 가이드라인」은 총칙, 공통 원칙, 행위 주체별 책임 세 부분으로 구성하고, 총칙에는 윤리 가이드라인의 목적, 용어의 정의, 적용 대상을 규정하고, 공통 원칙에는 기본 가치, 행동 원칙을, 행위 주체별 책임에는 행위 주체인 설계자, 제작자, 관리자, 서비스 제공자, 이용자로 구분해 총 28개의 항목으로 구성하고 있다. 이 가이드라인이 적용되는 자율주행 단계는 인간이 개입할 수 없는 레벨 4 이상을 대상으로 하고 있다. 특히 이 가이드라인은 인간의 존엄성과 인권 존중, 인간의 행복과 이동권 보장, 생명 보호와 손실 최소화, 지속 가능한 발전 고려 등의 기본 가치를 신설해 공통 원칙 중 기본 가치를 신설한 것은 특징이라고 할 수 있다. 다만, 이 가이드라인은 최초 윤리 이슈로 주목받은 딜레마 상황에 대한 구체적 해결 방안을 명시하고 있지는 않다는 한계가 있다. 이는 자율주행차 윤리가 고정된 규범이 아니라, 기술 발전과 법제 변화에 따라 계속해서 보완되고 재정립되어야 할 대상임을 의미한다.

「인공지능기본법」과 자율주행차 윤리의 제도화

한편, 2025년 제정된 「인공지능기본법」은 일반적인 인공지능 윤리의 제정, 준수 등의 법적 근거를 마련하고 있다.

인공지능윤리를 "인간의 존엄성에 대한 존중을 기초로 해, 국민의 권익과 생명 · 재산을 보호할 수 있는 안전하고 신뢰할 수 있는 인공지능 사회를 구현하기 위해 인공지능의 개발, 제공 및 이용 등 모든 영역에서 사회 구성원이 지켜야 할 윤리적 기준"이라고 정의하고(제2조), 인공지능 윤리에 대한 정부와 민간의 각종 의무를 규정하고 있다.

정부의 인공지능 윤리 원칙의 제정 · 공표 및 공개의 법적 근거를 신설했고, 인공지능 윤리 원칙은 인공지능의 개발 · 활용 등의 과정에서 사람의 생명과 신체, 정신적 건강 등에 해가 되지 아니하도록 하는 안전성과 신뢰성에 관한 사항, 인공지능 기술이 적용된 제품 · 서비스 등을 모든 사람이 자유롭고 편리하게 이용할 수 있는 접근성에 관한 사항, 사람의 삶과 번영에의 공헌을 위한 인공지능의 개발 · 활용 등에 관한 사항을 포함하도록 규정하고 있다(제27조). 중앙 행정 기관 등이 인공지능 윤리 기준을 제 · 개정하는 경우 과학기술정보통신부장관은 이에 대해 권고 또는 의견을 제시할 수 있도록 해(제27조제3항), 정부의 통일된 인공지능 윤리 원칙의 집행

방침을 정하고 있다.

민간 부문에서도 「인공지능기본법」은 자율 규제 기반의 윤리 체계를 뒷받침하고 있다. 인공지능 사업자 및 연구 · 개발 기관은 민간 자율 인공지능윤리위원회를 설치해, 윤리 원칙의 준수 여부 확인 등의 기능을 수행할 수 있도록 규정하고 있다(제28조). 이처럼 「인공지능기본법」은 인공지능 전반에 적용되는 윤리 체계를 제도적으로 뒷받침하며, 향후 자율주행차의 윤리 기준 형성에도 직접적인 영향을 미칠 것으로 예상된다.

참고문헌

국토교통부(2020.12.30). "자율주행차 윤리가이드라인". https://www.molit.go.kr/USR/policyData/m_34681/dtl.jsp?id=4508

변순용 · 황기연(2021). "한국형 자율주행차 윤리가이드라인 구성과 쟁점에 대한 분석". 《윤리연구》, 1(134), 139~158쪽.

변순용 외(2018). "자율주행자동차에 대한 한국형 윤리 가이드라인 연구". 《윤리연구》, 1(123), 203~239쪽.

이중기 외(2020). 《자율주행차의 법과 윤리》. 박영사.

03
자율주행차 규제 체계의 국내외 비교

자율주행차는 인공지능 기술 등이 집약된 것으로 운행 중 사고 발생으로 인간의 생명이나 신체에 위해가 발생할 위험이 있기 때문에 세계 각국은 안전 규제 및 책임 보장의 관점에서 규제 입법을 마련하고 있다. 즉 자율주행 시스템을 포함한 자동차의 안전, 운전자 및 교통 규칙, 사이버 보안, 보험 등에 관해 다양한 입법이 이뤄지고 있다. 이러한 입법은 SAE 레벨에 따라 달라지는 특징이 있다.

AI와 난임 극복?

입법 방식의 유형 비교: 우리나라와 해외의 법체계 구분

자율주행차 운행을 위한 입법 방법론으로 자동차 법제를 중심으로 할 것인지, 아니면 도로교통 법제로 할 것인지 구분할 수 있다. 우리나라는 자동차의 안전기준, 자기 인증, 등록 등에 대해 「자동차관리법」에서, 운전자 및 교통규칙에 대해서는 「도로교통법」에서 규율하고 있다. 외국의 입법례는 나라마다 다르다. 독일은 「도로교통법(Straßenverkehrsgesetz. StVG)」 중심으로 자동차의 안전기준을 포함한 자동차의 교통까지 포괄적으로 다루고 있다. 미국은 「연방법(49 U.S. Code Subtitle VI-Motor Vehicle And Driver Programs)」에서 자동차 안전기준 위주로, 「주법(州法)」은 자동차의 등록, 운행 승인, 운전면허 등 위주로 규율하고 있다. 즉 우리와 비교하면 연방법은 「자동차관리법」에, 주법은 「도로교통법」에 대응하는 것으로 이해할 수 있다. 어느 법을 중심으로 자율주행차 운행 법제를 만들 것인지는 이처럼 각국의 사정에 따라 다른 만큼 무엇이 보다 바람직한 것이라고 할 수 없다.

우리나라 자율주행차 입법의 전개와 과제

2016년 최초로 「자동차관리법」에서 시험 운행 목적의 자율주행차 임시 운행 허가를 도입하면서 자율주행차의 개념을 정의했고, 2019년에는 자율주행 시스템에 대한 자동차 안전기준을 제정했으며, 2024년에는 사이버 보안 관리 체계 및 소프트웨어 업데이트 적정성 조사를 도입했다. 2019년 자율주행차의 상용화 촉진 등의 역할을 수행하기 위한 특별법으로 「자율주행차법」을 제정했다. 「도로교통법」에서는 2021년 처음으로 자율주행차의 정의 규정을 신설했고, 2024년 레벨 3를 기준으로 자율주행차 운전자의 운전 의무를 신설해 본격적으로 자율주행차 시대에 대비하고 있다. 「도로법」에서도 2023년 자율주행차 전용 고속 국도 및 자동차 전용 도로의 지정 근거를 신설했다. 「자배법」에서 책임보험 및 사고 원인 규명을 위한 자율주행차 사고 조사 제도를 마련해 사고 및 피해 구제에 대비하고 있다. 향후에는 국제적으로 입법이 활발하게 진행되고 있는 레벨 4 이상의 자율주행차의 운행에 대비한 「도로교통법」 등의 정비가 시급히 이뤄져야 한다.

미국 자율주행 규제의 이중 구조: 연방 가이드라인과 주법

미국은 자율주행차만을 특정해 규제하는 연방 차원의 법률은 존재하지 않고, 주(州) 차원에서 다양한 입법을 하고 있다. 이에 산업에서는 기술 개발과 상용화를 촉진하고 규제의 불확실성을 해소하기 위해 연방 차원의 명확하고 일관된 규제 프레임워크가 필요하다는 요구도 있다. 2025년 4월 기준으로 29개주와 워싱턴 D.C.에서 자율주행차 관련 법률을 가지고 있다. 연방에서는 「자율주행차 안전 평가 가이드라인(AV Policy Guidline)」, 「연방 자동차 안전기준(Federal Motor Vehicle Safety Standards, FMVSS)」을 개정해 레벨 4 이상의 자율주행차에 적용하기 위한 기반 마련을 논의 중에 있다. 주(州) 법률에서는 자율주행차의 시험 운행, 운행 요건, 안전기준, 책임 등에 관한 다양한 내용을 포함하고 있다.

독일의 자율주행 입법 선도 모델: 레벨 4 법제화와 기술 감독자

독일은 현재 기준으로 자율주행차 관련 입법에서 가장 앞선 것으로 평가할 수 있다. 2017년 「도로교통법(Straßenverkehrsgesetz, StVG)」 개정에서 레벨 3의 자율주행차 입법을 했다. 2021년 「도로교통법」 개정 시에는 운전자 없이 특정 구역 내에서 레벨 4 수준의 무인 자율주행차 상용화를 위한 법적 기반을 마련했다. 레벨 4 수준의 자율주행차 입법은 세계 최초다. 이 개정을 통해 셔틀버스, 노선버스, 물류 허브 연결 차량, 특정 시간대 온디맨드 이동 서비스, 자동주차 등 다양한 분야에서 무인 자율주행차 운행이 가능하도록 했다. 이 개정에서 의미가 있는 것은 무인 자율주행차를 원격으로 모니터링하고 개입할 수 있는 기술 감독자(Technische Aufsicht)라는 개념을 도입한 것인데, 기술 감독자의 행위로 인해 사고가 발생하는 경우에는 기술 감독자의 책임이 된다. 이러한 이유 때문에 2021년 「도로교통법」 개정과 동시에 「의무보험법(Pflichtversicherungsgesetz, PflVG)」을 개정해 자율주행차의 보유자에게 기술 감독 행위에 대해서도 보험 가입을 하도록 의무를 부여했다. 2022년 6월 2021년 개정된 「도로교통법」을 시행하기 위해 「자율주행법」 시행령을 개정했는데, 레벨 4 단계 자율주행차의 특정 영역 내 상용화를 위한 구체적인 법적 틀을 마련한 것이 핵심 내용이다. 이 시행령을 통해 안전기준, 승인 절차, 운영 요건, 기술 감독자의 역할, 데이터 처리, 책임 및 보험 등 자율주행차 운행에 필요한 다양한 측면을 상세하게 규정하고 있다.

일본 자율주행 입법: 특정자동운행 제도

일본의 자율주행차 입법은 「자동차법」과 「도로교통법」으로 구분해 살펴볼 수 있다. 먼저 「자동차법」과 관련해 보면, 2019년 5월 자율주행차의 안전성 확보를 위한 제도 정비를 위해 「도로운송차량법」을 개정해 자율 운행 장치의 개념을 정의하고, 안전 및 환경 기준을 포함한 기술 기준을 규정했으며, 2020년에는 자율주행 기능의 작동 시간 기록 장치 탑재를 의무화해 사고 시 책임 소재를 명확히 하도록 했다. 「도로교통법」에서는 2019년 12월 레벨 3 단계 자율주행차의 운행을 운전 행위에 포함시키고, 운행 기록 보존 의무 등을 규정했다. 2022년에는 레벨 4 단계에 해당하는 특정자동운행 허가 제도를 도입했다(제75조의2 이하). '특정자동운행'이란 무인 자율주행을 의미하며, 유사시 자율주행 시스템이 안전한 방법으로 차량을 정차시킬 수 있을 것을 조건으로 한다. 특정자동운행에 해당할 경우에는 「도로교통법」상의 운전의 개념에서 제외된다는 점을 분명히 했다. 특정자동운행을 위해서는 허가를 받아야 하고, 허가를 받은 자를 '특정자동운행 실시자'로 하고, '특정자동운행 주임자', '현장 조치 업무 실시자' 등의 특정자동 업무 종사자를 지정하고 특정자동운행 전반에 대한 관리 책임을 부여하고 있다. 특정자동운행 실시자 등이 의무를 위반한 때에는 처벌 조항을 신설했다.

영국 「자율주행차법」의 도입과 ASDE 체계

영국은 2018년 「자율주행 및 전기 자동차법(Automated and Electric Vehicles Act 2018)」을 제정해 자율주행차 보상 기준을 도입했다. 이는 다른 나라가 자율주행차의 안전기준이나 운행 기준 등에 관한 입법을 우선하는 점과 비교된다. 영국은 2024년 5월 20일 「자율주행차법(Automated Vehicles Act 2024)」을 제정했는데, 이 법은 일부 고급 레벨 3 차량에게도 적용되지만, 레벨 4 및 잠재적으로는 레벨 5에 해당하는 자율주행차에 적용할 수 있는 내용임을 특징으로 한다. 동 법의 내용을 보면, 자율주행 기능에 필요한 규제 기준을 충족하는 차량 즉 '승인된 자율차'로 정의하고 있으며, 레벨 4 이상에서는 사용자가 책임을 지지 않으며, 특히 자율주행 모드일 때 승객석의 사람은 차량의 작동 방식에 대해 어떤 책임도 지지 않는다는 점을 분명히 했다. 대신 보험회사나 소프트웨어 개발자, 차량 제조업체가 책임을 지는 것을 명시했다. 또한 '승인된 자율주행 주체'(ASDE)의 개념을 도입했는데, ASDE는 특정 자율주행 시스템이 장착된 차량에 대해 교통부로부터 자율주행차 운영 자격을 공식적으로 부여받은 자 즉 자동차 제조사, 소프트웨어 개발사, 차량 운영자 등이 해당되고, 자율주행 시스템의 안전성과 법적 준수를 관리하는 역할을 맡는다. 이는 호주의 ADSE, 미국의 ADP와 유사한 개념에 해당한다. 또한 자율주행차의 마케팅에서 엄격한 자율작동 요구 사항을 충족하고 운전자 감독이 필요 없는 차량에 대해서만 마케팅을 허용하고, 레벨 3 이하의 차량에 대해서는 자율주행이라는 용어로 마케팅을 하지 못하도록 금지하고 있다. 자율주행차의 안전기준에 대해서는 능숙한 인간 운전자와 동등 또는 그 이상의 안전 수준을 달성해야 한다는 안전 목표를 설정하고 있다.

참고문헌

김경원(2025.1). "영국의 자율주행자동차법 제정의 의의". 《국회보》.

박준환(2021.10.21). "독일 자율주행자동차 상용화 관련 법률의 개정 내용과 시사점". 국회입법조사처, 《외국 입법 · 정책 분석》, 11.

박준환(2022.9.23). "운전자가 없는 자율주행을 고려한 일본의 「道路交通法」 개정 동향과 시사점". 국회입법조사처, 《이슈와 논점》, 1994.
박준환(2023.4.25). "국내외 자율주행자동차 관련 입법 동향과 쟁점 분석". 《NARS 입법 · 정책》, 127.
이승준(2023.7). "Level 4 자율주행자동차의 사고시 형사책임에 대한 외국의 입법동향과 방향성 – 독일, 일본 및 영국 입법권고안의 시사점을 중심으로". 《비교형사법연구》, 25(2).
이중기 외(2020). 《자율주행차의 법과 윤리》. 박영사.
황창근(2025). "생명과 신체의 안전 보호를 위한 인공지능 규제법제의 쟁점". 《AI법제 Insight》, 24(1).
황창근 · 이중기(2018). "자율주행차 운행을 위한 자동차관리법의 개정 방향". 《중앙법학》, 20(2).
황현아(2021.6.14). "독일 무인자율주행차법의 주요내용 및 시사점". 《보험법 리뷰》.
황현아 · 손민숙(2023.4). "자율주행차사고 책임법제 및 보험제도: 레벨4 주요국 제도 비교를 중심으로". 《보험연구원 연구보고서》, 23(2). https://www.kiri.or.kr/report/reportList.do?catId=4&docId=340189
미국 주의회 협의회(NCSL, National Conference of State Legislatures)(2023.3.10). "Autonomous Vehicles Legislation Database". https://www.ncsl.org/transportation/autonomous-vehicles-legislation-database
영국 의회(2024). "Automated Vehicles Act 2024". https://www.legislation.gov.uk/ukpga/2024/10/contents/enacted

04
자율주행차의 자동차 법규

전통적으로 자동차 운행 법규는 자동차의 구조 및 장치의 기계적 안전 확보를 중심으로 한 「자동차관리법」과 운전 행위의 규제를 담당하는 「도로교통법」으로 크게 양분할 수 있다. 자율주행차 시대에 자동차 법은 '역동적인 운전 기능'을 수행하는 자율주행 시스템에 대한 규제를 핵심으로 한다. 자율주행 시스템에 대한 규제는 전통적인 기계적인 안전 규제 성격 이외에 운전 행위의 규제라는 성격까지 확장된 특징을 가진다.

AI와 사주?

자율주행차의 법적 개념

자율주행차는 인간이 하던 인지-판단-제어의 3단계를 자율적으로 수행함에 따라 전통적인 자동차의 운행과 차별을 가진다. 이러한 자율주행차의 기술을 자율주행 시스템이 담당하고 있으며, 법적 규율의 명확성을 위해 법률에서 그 개념을 정의하는 방식을 도입하고 있다. 자율주행차의 법적 정의는 국제적으로 SAE 단계에 따라 구분해 이해하는 것이 일반적이다.

「자동차관리법」에서는 자율주행차를 "운전자 또는 승객의 조작 없이 자동차 스스로 운행이 가능한 자동차"로 정의하고 있다(제2조). 여기서 스스로 운행이 가능하다는 의미는 인간의 운전 없이 '인공지능'에 의해 운행된다는 의미다. 그러나 이러한 개념 정의 당시에는 기술적으로 인공지능 기술이 가미된 자동차, 스스로 운행되는 자동차가 존재하지 않았기 때문에 개념 정의가 불완전하다는 비판이 있었다. 즉 현행 규정은 레벨 4 이상의 완전 자율주행차를 염두에 둔 것으로 자율주행의 다양한 기술 단계를 반영하지 못한다는 한계가 있다.

「자율주행차법」은 이러한 문제점을 반영해 자율주행차를 '부분 자율주행차'와 '완전 자율주행차'로 구분해 정의하고 있다(제2조제2항). 즉, '부분 자율주행 자동차'란 제한된 조건에서 자율주행 시스템으로 운행할 수 있으나 작동 한계 상황 등 필요한 경우 운전자의 개입을 요구하는 자율주행 자동차를 말하고, '완전 자율주행 자동차'란 자율주행 시스템만으로 운행할 수 있어 운전자가 없거나 운전자 또는 승객의 개입이 필요하지 아니한 자율주행 자동차를 말한다. 나아가 「자동차관리법」의 시행규칙인 자동차 규칙에서는 자율주행 시스템을 다시 부분 자율주행 시스템, 조건부 완전 자율주행 시스템, 완전 자율주행 시스템, 즉, 레벨 3, 레벨 4, 레벨 5에 대응하는 개념으로 세분했다(제111조). 이처럼 자율주행차의 개념은 「도로교통법」과 「자배법」이 준용하고 있다. 「자동차관리법」과 동 시행 규칙 또는 「자율주행차법」, 「도로교통법」 등이 다양하게 규정함에 따른 혼란을 방지하기 위해서는 일반법이라 할 수 있는 「자동차관리법」에서 통일적으로 규정해야 한다.

자율주행 시대의 자동차 안전 규제와 제도 변화

자동차의 도로교통은 자동차, 운전자, 도로 환경의 3요소로 이뤄지고, 각 운행 요소에 대한 규제는 자동차 운행으로 인한 위험 요소를 제거하고 안전을 확보하기 위한 위험 관리 내지 안전 규제의 성격을 가진다. 자율주행차에 대한 규제를 자동차법제와 도로교통법제 중 어느 것을 중심으로 할 것인지 입법 방식에 대해 국제적으로 대립이 있으나, 우리나라는 자동차의 안전기준, 자기 인증, 등록 등에 대해서는 「자동차관리법」이, 운전자 및 도로교통 등에 대해서는 「도로교통법」이 규율하는 방식을 채택하고 있다.

「자동차관리법」이 정하고 있는 자동차의 안전을 위한 규제로는 먼저 무엇이 자동차인지에 대한 자동차의 정의(제2조)와 종류(제3조)를 설명하고, 자동차 운행 허가의 성격을 가지는 자동차 등록 제도(제5조 내지 제28조), 자동차 운행 조건으로서 안전기준 적합 의무 및 안전기준의 설정(제29조), 자동차 안전기준에 대한 자기 인증 제도(제30조 내지 제35조), 자동차의 정비(제36조 내지 제42조), 자동차의 검사(제43조 내지 제47조), 하자 있는 차량의 교환 · 환불 제도(제47조의2 내지 제47조의11) 등의 규제를 정하고 있다.

전통적인 교통에서의 위험과 규제 간의 상관관계가 자율주행차 시대에는 변화될 가능성이 높다. 자율주행차 운행의 경우에는 안전 위험에서 인간의 개입은 감소하고, 반대로 자율주행차의 개입이 증가함에 안전 규제의 개입도 변화할 수밖에 없다. 즉 전통적인 자동차 운행과 관련된 규제 방식의 변화, 즉 운전자 중심의 규제에서 자율주행차 중심의 규제로 변화되어야 한다. 그중 중요한 것이 '자동차의 안전기준에 대한 재정립'이다. 자율주행차는 기계가 스스로 이동한다는 점에서 인간이 운전하는 자동차와는 질적으로 완전히 다른 개념이기 때문에, 초기에 양자가 혼재해 교통하는 경우의 위험성이나 이용자의 수용성을 고려해 자율주행차에 대한 특별한 취급이 필요하다. 이는 위험 사회에서의 국민의 생명과 재산에 대한 국가의 보호 책임에서 나오는 위험원에 대한 규제 의무에 해당한다.

자동차의 안전기준에서 자율주행차에서 인공지능 기술로 대표적인 것이 자율주행 시스템이다. 우리나라에서 ADS의 개념을 최초로 정의한 것은 2016년 2월 12일 시행한 국토부 고시인 「자율주행자동차의 안전운행요건 및 시험운행 등에 관한 규정」이다. 자율주행차의 시험 운행을 위해 제정된 이 고시에서는 '자율주행 시스템'을 '운전자의 적극적인 제어 없이 주변 상황 및 도로 정보를 스스로 인지하고 판단해 자동차의 가 · 감속, 제동 또는 조향 장치를 제어하는 기능 및 장치'로 규정했다(제2조). 이후 2019년 「자율주행차법」에서 동일한 내용으로 정의했다.

2019년 「자동차규칙」에서 세계 최초로 레벨 3의 자율주행 시스템의 안전기준을 제정했다. 이 규칙은 자동차 구조 및 장치에 대한 안전기준을 정한 법령인데, 자율주행 시스템의 종류와 안전기준을 상세히 규정하고 있다(제111조의3, 별표 27). 2024년에는 「자율주행차 사이버 보안에 관한 UN 규정(No.155 및 No.156)」에 따라 사이버 보안 관리 체계 및 소프트웨어 업데이트의 적정성 조사 등을 전면적으로 도입한 내용의 「자동차관리법」을 개정했다(2025년 8월 14일 시행 예정).

「자율주행차법」의 특수성과 미래 규제 방향

한편, 2019년에 제정된 「자율주행차법」은 자율주행차의 상용화를 촉진 및 지원하기 위한 법률로서, 시범 운행지구 내에서의 자율주행차의 운행을 위한 한시법이자 특별법의 성격을 가진다. 제3장의 자율주행차의 이용 환경 조성에 포함된 보험 가입 의무, 익명 처리된 개인정보의 활용, 자율 협력 주행 시스템, 정밀 도로 지도의 구축 등의 내용은 향후 자율주행차 규제 입법의 방향을 제시하고 있다.

향후 「자동차관리법」에서는 기존의 자동차 중심의 규

율 체계를 운전 · 안전기준 · 자기 인증 · 등록 등 ADS 중심으로 한 규율 체계로 변경해야 한다. 또한 자율주행차의 필수적 기술 장치 및 프로그램이라고 할 수 있는 운행 기록 장치, 사고 기록 장치 등의 장착, 자율주행 프로그램의 임의적 교체 제한이나 프로그램 결함으로 인한 운행 제한 등 운행 프로그램에 대한 안전성 확보, 개인정보의 보호 또는 정보 보안 등이 보다 중요해질 것으로 예상한다.

장기적으로 「자율주행자동차법」의 입법 방향을 예상해 보면, 향후에도 레벨 5의 상용화가 쉽지 않고, 자율주행차와 일반차가 혼재되는 상황이 상당히 지속될 것으로 본다. 또한 자율주행차의 대중화에 장애가 되는 여러 법적 장애도 해결하기 쉽지 않다. 그런 상태에서 현재와 같이 개별법 위주로 개선을 하는 것은 효율적인지 의문이 있다. 따라서 「자동차관리법」에서 통합적으로 관리하는 것이 타당할지 아니면 자율주행차의 독자 법률을 채택할 것인지도 중요한 문제라고 하겠다.

자동차 안전 규제의 국제적 조화

자동차는 어느 한 나라에서만 생산, 활용되는 공산품이 아니라 지구인 모두가 사용하는 일상 생활품이고, 생산

국에서 소비국으로 활발하게 교역되는 상품 중의 하나다. 따라서 국제적인 통일된 규범이 필요한 분야다. 이에 따라 자동차와 교통에 관해서는 「비엔나 협약」이나 「제네바 협약」 등 다양한 국제 조약이 있고, 최근 자율주행차의 개발에 맞추어 국제적인 논의도 활발하게 진행되고 있다. 그런 점에서 자동차 안전 규제에 대해서는 국제적인 흐름을 받아들이는 것이 매우 중요하다. 예컨대 UN 유럽경제위원회(UNECE의 Working Party 29. WP.29)에서 논의한 사이버 보안 강화를 위한 2020년 표준 규정의 개정(No.155, No.156) 등이 그런 사례다. 「자동차관리법」은 '자동차 안전기준 등의 국제 조화'란 별도의 장(제7장의2)을 두고, 국내의 자동차 안전기준, 부품 안전기준 및 내압 용기 안전기준의 국제 기준과의 조화를 중요한 시책으로 정하고 있다(제68조의2부터 제68조의8).

참고문헌

국토교통부(2020.12.30). "자율주행차 윤리가이드라인". https://www.molit.go.kr/USR/policyData/m_34681/dtl.jsp?id=4508

신재곤(2020.11). "자율주행자동차의 안전기준과 향후 추진 방향". 《월간교통》, 273.

한국인터넷진흥원(2022.12). 《자율주행차 보안모델 해설 및 적용 사례집》.

황창근 · 이중기(2018). "자율주행차 운행을 위한 자동차관리법의 개정 방향". 《중앙법학》, 20(2).

황창근 · 이중기(2019). "자율주행 시스템(ADS)에 대한 안전규제체계 검토 - 자동차관리법을 중심으로". 《중앙법학》, 21(4).

05
자율주행차의 운전자

「도로교통법」상 운전이란 자동차를 본래의 사용 방법에 따라 사용하는 것을 말하고, 그 행위를 하는 인간 운전자를 전제로 한다. 운전 또는 운전자는 도로교통상의 여러 책임과 연계된다. 자율주행차는 기술 단계에 따라 운전 기능의 수행 주체를 구분한다. 레벨 4 이상에는 자율주행 시스템이 이를 담당함에 따라 인간의 운전이 개입될 여지가 없어 이때 운전자를 누구로 볼 것인지 문제가 된다.

AI와 아이돌?

자율주행 단계별 운전자 개념의 변화

자율주행차에서 운전자가 누구인지에 대한 문제는 자율주행 단계(SAE 레벨)에 따라 구분해 이해할 필요가 있다. 레벨 3까지는 인간 운전자의 개입이 가능하므로, 기존의 운전자 개념이 여전히 유효하다. 그러나 레벨 4 이상에서는 인간이 운전에 개입할 여지가 없고, 차량의 운행은 오로지 자율주행 시스템에 의해 이뤄진다. 이로 인해 기존 법체계에서 전제하고 있는 인간 운전자 중심의 개념은 레벨 4 이상의 자율주행차에는 적용하기 어렵다.

운전자라는 개념은 단순히 자동차를 조작하는 주체라는 의미를 넘어, 「도로교통법」을 적용하기 위한 규범적 전제이기도 하다. 전통적으로 운전자는 자연인을 전제로 하며, 그에 따라 운전 중 발생하는 모든 법적 책임은 해당 인간 운전자에게 귀속된다. 이는 상식적인 전제일 뿐 아니라, 국제 조약이나 국내 법령에서도 명문화되어 있는 내용이다. 우리나라 「도로교통법」은 자동차를 운전하려는 사람은 반드시 운전면허를 받아야 한다고 규정하고 있고(제80조), 대부분의 법령은 인간 운전자를 기준으로 면허 제도와 교통 규칙을 구성하고 있다.

한편 'SAE J3016'에 따르면 자율주행차에서 운전이라는 개념은 단순히 차량을 조작하는 것을 넘어서, 역동적 운전 작업(DDT), 비상 상황 대응(DDT Fallback), 최소 위험 상태 확보(Minimal Risk Condition)로 정의된다. 특히 역동적 운전 작업은 차량을 도로교통 환경에서 실시간으로 조작하고 전술적으로 판단하는 기능으로, 자율주행 시스템의 핵심 요소로 간주된다. 레벨 3까지는 인간 운전사가 역동적 운전 작업의 일부를 수행하거나 개입할 수 있지만, 레벨 4부터는 역동적 운전 작업 전반이 ADS에 의해 수행되며, 인간은 더 이상 주체가 아니다. 따라서 레벨 4 이상의 자율주행차에서 운전자는 더 이상 사람이 아니라 시스템, 즉 로봇 운전자로 대체되는 것이다.

이와 같은 기술적 전환은 법 제도에도 변화를 요구한다. 지금까지의 「도로교통법」 체계는 인간 운전자의 행위를 전제로 교통안전을 확보하고 있었지만, 자율주행차에서는 그 운전 기능을 사람이 아닌 기계가 수행한다. 이러한 상황에서 전통적인 운전자 개념을 로봇에 그대로 적용할 수 있는지에 대해서는 근본적인 의문이 제기된다. 사실상 자율주행 시스템이 운전 기능을 수행하는 상황에서는 '운전자 규제'가 아니라 '자율주행 기술 통제'로 법적 성격이 달라진다. 결국 레벨 4 이상의 자율주행차에 대해서는 인간 운전자 중심의 기존 「도로교통법」

체계로는 한계가 있으며, 새로운 법적 틀과 규범 해석이 요구된다.

국제 조약과 자율주행 운전자 개념의 변화

국제적으로도 이러한 논의는 활발히 이뤄지고 있다. 도로교통에 관한 국제 조약으로는 1949년 「제네바 협약」과 1968년 「비엔나 협약」이 있는데, 양 협약 모두 운전자를 인간으로 전제하고 있다. 예컨대 「제네바 협약」은 "운전자는 항상 자신의 차량을 통제하거나 동물을 인도할 수 있어야 한다"(제8조 제5항)고 명시하고 있고, 「비엔나 협약」 역시 사람 운전자만이 차량이나 동물을 운전할 수 있다고 규정하고 있다(제2조, 제5조).

그러나 자율주행 기술이 실용화되면서 이러한 협약들도 점차 변화를 모색하고 있다. 「비엔나 협약」은 2016년 개정을 통해, 국제 기술 규정을 충족하고 운전자가 시스템을 언제든지 끌 수 있는 조건을 만족할 경우 자율주행 시스템에 운전 제어를 맡기는 것을 허용했다. 2022년에는 유엔 유럽경제위원회(UNECE)가 자동 차선 유지 시스템(Lane Keeping System) 등 특정 조건을 충족하는 자율주행 시스템이 작동 중일 때 운전자가 운전과 무관한 활동을 해도 허용하는 방향으로 추가적으로 규정을 보완했다. 반면 「제네바 협약」은 아직까지 자율주행 기술을 반영한 운전자 개념 개정을 공식적으로 추진하지 않고 있다.

우리나라는 현재 「제네바 협약」에는 가입해 있으나 「비엔나 협약」에는 가입하지 않은 상태다. 따라서 자율주행차 기술의 국제적 정합성을 확보하고, 관련 제도 정비를 위해서는 「비엔나 협약」 가입이 필요하다는 주장도 제기되고 있다. 실제로 우리나라 「도로교통법」은 인간 운전자를 전제로 운전 행위를 규제하고 있으며, 2021년 개정을 통해 레벨 3 단계 자율주행차에 한정해 운전자의 개념을 명시하고, 인간 운전자의 주의 사항 중 하나인 운전 중 휴대전화 사용 금지, 영상물 시청 금지, 영상 표시장치 조작 금지 등의 조항을 적용하지 않기로 했다(제56조의2).

이러한 법 개정은 자율주행 기술의 현실적 적용을 반영한 조치이지만, 레벨 4 이상의 자율주행차가 일상화될 경우에는 더욱 포괄적이고 구조적인 법 제도 개편이 필요할 것이다.

자율주행 시스템의 운전 작업에 대한 법적 취급

자율주행 시스템 또는 로봇 운전자의 운전 행위를 법적

으로 어떻게 취급할 것인가? 이에 대해서는 인간을 운전자로 의제하는 방안과 인간을 ADS의 후견자로 보는 방안이 있고, 이론적으로는 자율주행차를 운전자로 보는 방안도 있으나, 이는 ADS의 제한적 권리능력을 인정하는 것으로 현실로 받아들이기는 어렵다고 할 것이다. 두 가지 방안에 대해서만 본다.

첫째로, 여전히 자율주행차를 기계의 작동으로 보고, 인간을 운전자로 의제하는 방안이다. 이는 ADS가 하드웨어와 소프트웨어의 총합체인 기계 시스템인 만큼 권리 주체가 될 수 없다는 한계에서 출발한다. 이러한 한계에서 인간의 운전 행위에 대한 해석을 융통성 있게 해 기존의 인간 운전자의 의무와 책임을 확장하는 방법으로 극복할 수 있다는 것이다. 사람이 아닌 ADS가 '역동적 운전 작업'을 담당하는 동안에도 ADS가 아니라 인간을 자율주행차의 운전자로 간주하고, 인간에 대해 운전자로서의 책임을 부과한다. 이러한 의제 방식은 레벨 3에서는 적용이 가능하지만, 인간의 개입이 완전히 사라진 레벨 4 이상에도 적용하기는 다소 억지스러운 점이 있다. 레벨 4에 적용되는 독일 「도로교통법」상 기술 감독자는 자율주행 시스템의 전반적인 통제 의무가 있는 것으로 해 운전자에 대체되는 개념이다. 마찬가지로, 일본

「도로교통법」상 특정자동운행 주임자 또는 특정자동운행 실시자는 레벨 4의 자율주행차를 대상으로 운전자를 대신해 위험 상황에 대처하는 역할을 하는 자다.

둘째로, ADS를 운전자로 보되 무능력자이므로 다른 권리 주체의 후견적 책임을 인정하는 방안이다. 이 방안은 ADS를 고대의 노예처럼 제한적 행위 능력자로 보고, 그의 행위에 대해서는 권리능력자인 주인이 대신 책임을 지도록 하는 논리와 유사하다. 이 방안은 처음 호주에서 ADS 주체(ADSE, ADS Entity)라는 후견적 책임으로 제안했고, 영미권 국가에서 광범위한 지지를 받고 있다. ADSE는 ADS의 인증 단계부터 운행 단계까지 ADS에 대해 책임을 지는 존재로 정의하므로, 누가 ADSE에 해당되는지는 자율주행차의 레벨에 따라 다르다. 보통은 ADS의 제작자나 자율주행차의 제작자, 자율주행차를 이용해 사업을 하려는 운행자가 해당된다. 호주에서 논의되는 ADSE의 역할을 보면, 자율주행차 또는 ADS의 제작 단계에서는 안전기준 규제의 대상이 되고, 운행 단계에서는 「도로교통법」 또는 책임보험의 규제 대상이 된다. ADSE와 유사한 개념이 미국 '통일법위원회(ULC)'가 모델 법으로 제안한 「차량의 자율운행에 관한 통일법(Uniform Automated Operation of Vehicles Act)」에서 규정한 ADP(automated driving provider) 개념이다. 이 법에서는 ADP로 될 수 있는 자는 ADS의 개발 또는 제작 단계에 관계된 자로 한정하고, ADP에게는 자율주행차 등록 단계 또는 운행 단계에서 의무를 부여하고 있다. 영국은 2024년 「자율주행차법(Automated Vehicles Act 2024)」를 제정하면서 전통적인 운전자에 대체하는 개념으로 영국 정부가 승인한 자율주행차의 법적 운영 주체로 '승인된 운전 주체'(ASDE, Authorised Self-Driving Entity)라는 개념을 창설했다.

참고문헌

이승준(2023.7). "Level 4 자율주행자동차의 사고시 형사책임에 대한 외국의 입법동향과 방향성 – 독일, 일본 및 영국 입법권고안의 시사점을 중심으로". 《비교형사법연구》, 25(2).

이중기 · 황창근(2019). "자율주행차의 운전자는 누구인가? – ADS에 의한 운전행위와 그에 대한 ADS Entity의 민사적, 행정적 책임". 《홍익법학》, 20(3).

영국 의회(2024). "Automated Vehicles Act 2024". https://www.legislation.gov.uk/ukpga/2024/10/contents/enacted

06
자율주행차와 개인정보 보호

자율주행차는 실시간으로 데이터의 수집과 활용을 통해 운행한다. 그 과정에서 탑승객은 물론이고, 타 차량의 탑승객, 보행자 등 개인정보의 처리 문제가 발생한다. 개인정보 보호를 위한 엄격한 규제는 정보 주체의 권리를 보장하지만, 자율주행차 상용화에 걸림돌이 된다. 자율주행차 운행의 특성을 반영한 입법이 필요하다는 이유다.

AI와 야구?

자율주행차의 데이터 및 개인정보의 처리 현황

자율주행차는 차량 내부 및 외부 환경에 대한 방대한 데이터를 수집한다. 즉 운행 시 자동차에 설치된 카메라, 레이더, 라이더, 고정밀 GPS, 고정밀 지도기술, V2V 통신 기술 등을 통해 탑승자와 보행자, 타 차량의 개인정보, 자차의 위치 정보, 도로 정보를 수집한다. 이렇게 수집한 데이터는 운행 또는 시험 연구는 물론이고 마케팅 등 다양한 목적을 위해 직접 처리하거나 제3자에게 제공된다. 제3자에는 차량 제조사, 장비 및 수리 업체, 기술 및 서비스 제공 업체, 지도 제작업체, 보험회사, 정부 규제 당국, 연구 기관, 응급 서비스 지원 업체, 데이터 브로커 등이 포함된다.

수집된 데이터 중에는 개인정보가 아닌 것도 있지만 자차나 타 차량의 탑승객 또는 보행자의 개인정보 및 개인 위치 정보가 상당 부분 포함되어 있다. 수집되는 데이터는 방대해 이 중 어디까지를 「개인정보보호법」상 개인정보로 볼 것인지, 특히 영상 데이터에서 개인을 식별할 수 있는지 여부가 분명하지 않다. 「개인정보보호법」상 개인을 식별할 수 있는 정보에 해당되는 경우가 아니라고 하더라도 다른 정보와 쉽게 결합하면 개인정보가 되는 것이므로 자율주행차 운행에서 수집하는 많은 데이터는 개인정보가 될 가능성이 높다(「개인정보보호법」 제2조 참조). 따라서 자율주행차 운행을 위해 수집되는 정보, 특히 개인정보를 최소화해야 하고, 다른 정보와 결합해 개인정보가 되는 것도 가능한 한 최소화해야 한다.

정보 주체와 자율주행차 운행자의 입장 차이

자율주행차 운행을 개인정보의 규율 체계에 대응하면 개인정보의 수집-제공-활용의 단계로 설명할 수 있는데, 개인정보 처리의 적법성 근거가 충분하지 않다는 문제가 있다. 이 문제에 대해 정보 주체와 자율주행차 운행자가 바라보는 입장이 상반된다. 정보 주체의 입장에서는 자율주행차가 운행 중에 수집, 처리하는 과정에서 개인정보 자기 결정권이 침해된다는 것으로 더욱더 개인정보의 보호에 치중해야 한다는 것이고, 반면 자율주행차 운행자의 입장에서는 엄격한 「개인정보보호법」을 적용하면 자율주행차의 운행이 어렵게 되고, 이는 자율주행차 상용화에 큰 지장이 된다는 것이다.

자율주행차 운행을 가능하게 하기 위해서는 현행 개인정보 처리의 적법성 근거에 대한 몇 가지 입법적 조정이 필요하다. 이는 기술 혁신의 사회적 수용에 맞추어 규범도 변화해야 한다는 것을 말해 준다.

적법성 근거 중 가장 큰 이슈는 정보 주체의 사전 동의 문제다. 「개인정보보호법」상 개인정보의 수집, 이용, 제3자 제공 등 처리에는 정보 주체의 개인정보 자기 결정권에 따라 사전 동의를 요구하고 있는데, 이는 여러 적법성 근거 중의 하나다. 수집의 적법성 근거는 동의 외에도 법률 규정, 공공기관 소관 업무, 계약 이행, 긴급한 필요, 정당한 이익, 공공의 안전 등이 규정되어 있다(제15조). 자율주행차는 운행 시 부지불식간에 탑승자나 타 차량의 운전자 및 승객, 보행자의 개인정보를 수집하는데, 그때마다 사전 동의를 요구토록 하는 것은 현실적으로 가능하지 않다. 특히 카메라 등을 이용한 영상 정보의 수집 등의 처리는 촬영 대상 및 범위를 확정할 수 없어서 사전적 권리 보장이 곤란하고, 정보 주체가 촬영 사실을 알기 어려워 사후적인 권리 행사도 제한되는 특성이 있다.

적법성 근거에 대한 현행법의 한계

「개인정보보호법」에서는 직접적으로 자율주행차 운행 등과 관련된 규정을 두지 않고 있다. 대부분 법률 해석을 통해 자율주행차의 운행에 적용한다. 예를 들어 개인정보 보호 원칙을 규정한 제3조 제7항에서는 "개인정보 처리자는 개인정보를 익명 또는 가명으로 처리해도 개인정보 수집 목적을 달성할 수 있는 경우 익명 처리가 가능한 경우에는 익명에 의해, 익명 처리로 목적을 달성할 수 없는 경우에는 가명에 의해 처리될 수 있도록 해야 한다"고 익명 처리원칙을 규정하고 있다.

우리나라에서는 아직 자율주행차의 상용화가 이뤄지지 않고, 시험 운행이나 시범 운행 단계에서 다양한 특례를 적용하는 방식으로 운영하고 있다. 첫째, 새로운 기술이나 서비스에 대해 일정 기간 동안 기존 규제를 면제하거나 유예해 주는 규제 샌드박스의 활용, 특정 지역을 시범 운행 지구로 지정해 해당 구역 내에서 규제 특례를 적용하는 자율주행차 시범 운행 지구 운영, 수집된 개인정보에서 개인을 식별할 수 있는 요소를 제거하거나 대체해 개인정보 위험을 낮추는 방식인 가명 정보 및 비식별화 조치 등의 방법을 이용하고 있다. 그러나 2020년 「개인정보보호법」 개정 당시 도입한 가명 정보 처리는 4차 산업혁명 시대의 데이터 활용을 위한 새로운 법적 기반으로 평가를 받고 있지만, 현행법상 가명 정보의 처리는 '통계 작성, 과학적 연구, 공익적 기록 보존 등' 목적에 한정되어 있어(제28조의2), 자율주행차의 상용화 단계에서 적용할 수 있는지는 논란이 있다.

향후 입법 과제와 입법 방식

현행법상 엄격한 개인정보 규율 체계에 의하면 자율주행차의 운행은 상당한 지장을 받는 것이 사실이다. 우선 수집 등 처리의 근거가 충분하지 않다는 점을 들 수 있다. 탑승자에 대해서는 기존의 동의 방식의 적용이 가능하지만, 보행자나 타 차량 탑승자의 경우에는 동의 방식을 적용하기 어렵고, 그러면 다른 적법성 근거인 특별법의 규정이나 정당한 이익 등의 요건을 충족해야 한다.

개인정보 처리의 적법성 근거에 대한 재검토가 필요한데, 기존의 사전 동의 기반에서 사후 동의가 병행되는 방식이 필요하며, 궁극적으로는 이를 위한 특별법의 제정도 필요하다. 동의 없이 수집 가능한 예외 사유(법령상 의무, 공익 목적 등)의 적용 범위에 대한 명확한 기준을 설정하는 것도 필요하다. 수집한 데이터를 제3자에게 제공할 경우에는 그 목적, 즉 자율주행 기술 개발, 안전 운행, 지도 업데이트, 교통 정보 제공, 보험료 산정, 마케팅 등 목적만으로 이용할 수 있도록 해야 한다. 또한 정당한 이익은 개인정보 처리자의 이익이 정보 주체의 이익보다 명백하게 우선하는 경우에 인정되는데, 자율주행차의 안전 운행과 사고 원인의 규명을 위해 필요한 경우로서 영상의 촬영 보관은 정당한 이익 관점에서 인정할 여지가 있다고 할 것이므로, 정당한 이익의 적극적 해석도 필요하다 하겠다.

2023년「개인정보보호법」개정에서 이동형 영상 정보 처리 기기의 운영 근거를 신설했다(제25조의2). 동 법률에서는 영상 정보 처리 기기를 통해 공개된 장소에서 개인정보를 촬영하는 경우, 일반적인 적법성 근거뿐만 아니라 촬영 사실을 명확히 표시해 정보 주체가 촬영 사실을 알 수 있도록 했음에도 불구하고 촬영 거부 의사를 밝히지 아니한 경우에는 촬영을 허용하고(제25조의2 제1항), 이 경우 이동형 영상 정보 처리 기기는 불빛, 소리, 안내판, 안내 서면, 안내 방송 또는 그 밖에 이에 준하는 수단이나 방법으로 정보 주체가 촬영 사실을 쉽게 알 수 있도록 표시하고 알리도록 하고 있다(동 제2항). 이는 이동형 영상 정보 처리 기기의 개인정보 처리의 적법성 근거를 보완하는 입법례라고 할 것이다.

또한 개인정보 처리자의 사전적, 사후적 책임성을 강화하는 방안을 도입할 필요가 있는데, 사전적 방안으로는 자율주행차의 기획, 개발, 운영 등 모든 단계에서 개인정보 보호를 고려하는 개인정보 사전 설계 원칙(Privacy by Design)이 중요하고, 사후적인 대응으로는 행정적 형사적 제재, 손해배상 등 피해자 구제 방안도 필요하다고 하겠다.

이를 해결하기 위한 입법 방식으로는 「개인정보보호법」을 개정하는 방식과 자율주행차의 관계 법률에서 개정하는 방식이 있다. 개인정보 보호의 특례를 규정하는 것인 만큼 「개인정보보호법」보다는 자율주행차 관련 「자동차법」에서 개정하는 것이 보다 바람직하다. 「개인정보보호법」은 2023년 개정에서 인공지능을 통한 자동화된 결정에서는 정보 주체의 거부권과 설명 요구권을 신설함으로써 정보 주체의 권리를 보장하고 있으며(제37조의2), 이동형 영상 정보 처리 기기를 통한 개인 영상 정보의 촬영 및 처리에 대한 법적 근거를 신설한 사례가 있다(제25조의2). 「자동차법」 관점에서는, 차량의 장치 또는 안전 조건, 알고리즘의 적용의 문제로 접근하는 것이 보다 실효적이라고 할 것이다. 「자동차관리법」은 개인정보의 안전성 확보를 위해 사이버 보안 및 소프트웨어 업데이트 규제를 도입했다(제30조의9 외, 제34조의5). 또한 「자율주행차법」은 자율주행차의 운행 과정에서 수집된 개인정보를 익명 처리한 경우의 활용에 대한 특례를 규정하고 있으며(제20조), 또한 사고 원인 규명 목적의 사고 기록 장치 및 자율주행 정보 기록 장치의 관리 조치(제46조)를 규정하고 있는데, 이 과정에서 개인정보

보호의 제원칙이 준수되도록 하는 것이 과제라고 할 것이다. 무엇보다도 자율주행차 운행 등 혁신 기술의 활용의 관점에서 개인정보의 보호와 활용의 조화에 대한 사회적 합의가 필요하다고 할 것이다.

참고문헌

개인정보보호위원회(2024.2). 《가명정보 처리 가이드라인》.

개인정보보호위원회(2024.7). 《인공지능(AI) 개발·서비스를 위한 공개된 개인정보 처리 안내서》.

개인정보보호위원회(2024.10a). 《안전한 인공지능(AI)·데이터 활용을 위한 AI 프라이버시 리스크 관리 모델》.

개인정보보호위원회(2024.10b). 《이동형 영상정보처리기기를 위한 개인영상정보 보호·활용 안내서》.

한국인터넷진흥원(2020.11). 《커넥티드·자율주행차량 관련 개인정보보호 지침 및 기타 현황》.

황창근(2022). “자율주행차 운행과 개인정보의 보호 및 활용의 법적 쟁점”. 《중앙법학》, 24(4).

황창근·이중기(2018). “자율주행차 운행을 위한 자동차관리법의 개정 방향”. 《중앙법학》, 20(2).

07
자율주행차와 사이버 안전

자율주행차의 기술적 특성상 외부의 원격 제어나 해킹의 위험이 상존한다. 해킹으로 시스템의 장애는 물론 탑승자 또는 타인의 사망이나 신체의 안전, 개인정보의 침해가 일어날 수 있다. 이에 대응하기 위한 기술적인 보안 조치가 중요하고, 이를 의무화하는 규범이 필요하다. 이에 국제 규범이 발달하고 있으며, 국내에서도 이를 수용한 입법이 이뤄지고 있다.

AI와 윤동주?

자율주행차의 사이버 보안, 무엇이 문제인가?

2015년 미국에서 해커 두 명이 지프(Jeep) 체로키에 탑승한 운전자의 동의하에, 원격으로 차량의 엔진을 끄기도 하고, 차량의 운행 방향을 조정하기도 하는 장면을 유튜브에 공개했다(김기훈, 2024). 2023년 캐나다 밴쿠버에서 열린 국제 해킹대회에서 한 해커가 테슬라 모델 3 차량을 해킹해, 주행 중인 차량의 트렁크와 도어를 열고, 인포테인먼트 시스템에 침입해 하위 시스템에 대한 접근 권한을 획득하는 사건이 발생했다(임기창, 2023).

이 사례는 전자 · 통신 시스템 등 주요 기능이 모두 소프트웨어에 의해 제어되는 자율주행차의 구조적 특성상, 소프트웨어 취약점이 원격 제어나 해킹 등의 사이버 공격으로 이어져 장애를 초래할 수 있음을 보여 준다. 국토교통부 「자동차 사이버 보안 가이드라인」에 따르면 자율주행차가 직면할 수 있는 사이버 보안 위협은 실도로 차량 관련된 백엔드 서버에 대한 위협, 통신 채널을 이용한 차량 위협, 자동차 업데이트 절차 관련 위협, 의도하지 않은 인간 행동으로 인한 위협, 차량의 외부 연결 및 접속에 대한 위협, 자동차 데이터 · 코드에 대한 위협, 그 외 잠재적인 취약점 등 다양하게 구분된다.

이러한 사이버 공격은 단순히 시스템 장애를 일으키

는 수준을 넘어, 운전자와 승객의 생명 · 신체 안전을 심각하게 위협한다. 특히 차량 내부에서 수집되는 민감 개인정보가 유출될 위험도 크다. 또한 사이버 공격을 통해 차량 도난 · 불법 사용은 물론, 사회 기반 시설을 겨냥한 2차 공격에도 악용될 가능성이 있다. 이러한 보안 위협은 자율주행차에 대한 사회적 신뢰를 저해해 상용화 및 대중화의 큰 장애로 작용할 수 있다는 것이 문제다.

사이버 보안 위협에 대한 대응과 국제 규범

사이버 보안 문제는 기술적 측면과 규범적 측면에서 각각 대응이 요구된다. 기술적으로는 차량 제작이나 운영 과정에서 하드웨어 장치나 소프트웨어의 보안 설계나 관리 조치를 말한다. 규범적으로는 이러한 기술적 조치를 법적으로 의무화하는 것인데, 이는 자율주행차의 사이버 보안 규정인 만큼 「자동차법」에서 규정하는 것이 원칙이고, 다만 사이버 공격이나 위협은 정보통신망을 통해 이뤄지고 있으므로 「정보통신법」에서 정보통신망 침해 금지라는 규제방식과 병행되어야 한다. 후자의 정보통신망 보호 입법은 자율주행차뿐만 아니라 정보 사회의 근간이 되는 다양한 기술 및 서비스에 모두 적용되는 것이므로 이미 상세한 규정을 두고 있다. 따라서 자율주행차의 사이버 보안의 규범 문제는 자율주행차의 설계, 제조, 운영 등의 전 과정에서 이뤄지는 문제에 집중하고 있다. 이러한 실체 규정을 바탕으로 사이버 보안의 실효성을 보장하기 위한 형벌이나 과태료 등 제재 규정을 두는 것이 '자율주행차 사이버 보안 규제 체계'라고 할 수 있다.

규범적 대응은 규제 규범이 선도하고 각국의 국내법이 이를 따라가는 방식으로 이뤄지고 있다. 주요 국제 규범으로는 UN 유럽경제위원회(UNECE)의 「R.155 규정(사이버 보안)」과 「R.156 규정(소프트웨어 업데이트)」, 「ISO/SAE 21434 표준」이 대표적이다. UN 유럽경제위원회는 2021년 「표준 규정(No.155, No.156)」을 제정했다. 「No.155」은 자동차 제조사가 사이버 보안 관리 체계(CSMS)를 구축하고, 차량의 설계, 개발, 생산, 운영 전반에 걸쳐 사이버 위협을 관리해야 하며, 제조사가 그와 같은 적정한 관리 체계를 갖춘 경우 승인 시험 기관은 인증과 형식 승인을 하도록 규정하고 있다. 「No.156」은 제작사가 차량의 소프트웨어의 업데이트를 관리하기 위한 '소프트웨어 업데이트 관리 시스템(SUMS)'을 구축하고 인증 받는 것을 내용으로 한다. 많은 국가들이 이 규정을 국내 법규로 도입함으로써 사이버 보안에 대한 국제적 조화를 이루고 있다. 또한 국제표준화기구(ISO, International Organization for Standardization)도 2021년 「국제표준(ISO/SAE 21434 등)」을 공식 결정했다. 이 표준은 자동차 사이버 보안 엔지니어링을 위한 것으로, 자동차의 기획, 개발, 생산, 운영, 유지 보수, 폐기에 이르는 전 수명 주기에 걸쳐 사이버 보안 요구 사항을 정의하고, 「No.155 규정」의 참조 표준으로 활용하고 있다.

국제 규범의 「자동차관리법」의 수용

자율주행차의 사이버 보안 관련 법률로는 자율주행차의 근거법이라 할 수 있는 「자동차관리법」 및 「자율주행차법」이 있고, 통신망 침해를 규제하는 「정보통신망 이용촉진 및 정보보호 등에 관한 법률」(「정보통신망법」), 개인정보 및 개인 위치 정보를 보호하기 위한 「개인정보보호법」, 「위치정보의 보호 및 이용에 관한 법률」(「위치정보법」)을 들 수 있다.

UN의 사이버 보안 관리 체계 규정을 수용하기 위해 2024년 2월 사이버 보안 관리 체계와 소프트웨어 업데이트 체계 도입을 위한 「자동차관리법」의 개정이 있었다. 사이버 보안 관리 체계에 대해서는 그 개념과 내용을 이렇게 규정하고 있다. 사이버 보안 관리 체계를 "자동차 사이버 공격 및 위협으로부터 자동차를 보호하기 위한 관리적, 기술적, 물리적 보호 조치를 포함한 종합적 관리 체계"로 정의하고(제2조), 자율주행차 제작자에 대해 관리 체계의 구축 및 국토교통부의 인증 의무를 부과하고, 관리 체계의 안전성과 신뢰성을 확인하기 위한 국토교통부의 자료 제출 요구 및 인증 취소를 규정했으며, 사이버공격, 위협 등 사고 발생 시의 제작자의 신고 의무를 규정했다(제30조의 9부터 12).

다음으로 소프트웨어 업데이트 관련 규정에 대해서는 자동차 제작사는 소프트웨어 업데이트 관련 장치의 정상적 작동 여부를 사전 확인, 업데이트 시 보안 · 안전성 확보, 사용자 공지 및 내역 보관 등의 의무가 있고, 국토교통부는 차량 제작사의 업데이트 등 관리 실태에 대한 적정성 조사 및 시정 조치를 할 수 있는 권한을 규정하고 있다(제34조의5, 6).

「정보통신망법」 및 「개인정보보호법제」의 규제

자율주행차에 대한 사이버 공격 · 위협은 정보통신망의 침해에 해당되기 때문에 「정보통신망법」이 적용되는데, 만일 자율주행차에 대한 사이버 공격이 발생해서 국토교통부장관에게 그 사실을 신고한 때에는, 정보통신망 침해 신고의 소관 공공기관인 한국인터넷진흥원에 관련 정보를 공유하도록 하고 있다(「자동차관리법」 제30조의2). 또한 개인정보 또는 위치 정보에 대한 침해의 측면에서는 「개인정보보호법」 또는 「위치정보법」이 적용된다.

「정보통신망법」은 사이버 보안 침해 행위에 해당하는 실체 규정으로 정보통신망 침해 등의 금지(제48조)와 비밀 등의 보호(제49조)를 규정하고, 그 위반에 대해서는 형벌을 부과하는 것으로 규정하고 있다. 정보통신망 침해 금지 체계는 금지되는 침해행위 등을 열거하고(제48조), 침해 사고 발생 시의 절차 즉 침해 사고의 대응, 침해 사고의 신고, 침해 사고의 원인 분석, 정보통신망 연결 기기 등 관련 침해 사고의 대응, 정보통신망 연결 기기 등에 대한 인증을 규정하고 있다(제48조의2부터 제48조의6까지).

금지되는 행위는 4가지 유형이다. 첫째, 정보통신망 침입 행위이다. 이는 정당한 접근 권한 없이 또는 허용된 접근 권한을 넘어 정보통신망에 침입하는 행위를 말한다. 둘째, 악성 프로그램 전달 · 유포 행위다. 이는 정당한 사유 없이 정보통신 시스템, 데이터 또는 프로그램 등을 훼손·멸실·변경·위조하거나, 그 운용을 방해할 수 있는 프로그램(악성 프로그램)을 전달 또는 유포하는 행위를 말한다. 셋째, 정보통신망 장애 행위다. 이는 정보통신망의 안정적 운영을 방해할 목적으로 대량의 신호 또는 데이터를 보내거나, 부정한 명령을 처리하도록 하는 등의 방법으로 정보통신망에 장애를 발생시키는 행위다. 넷째, 보호·인증 절차 우회 프로그램 전달·유포 행위다. 이는 정보통신망의 정상적인 보호·인증 절차를 우회해 정보통신망에 접근할 수 있도록 하는 프로그램이나 기술적 장치 등을 정보통신망 또는 이와 관련된 정보 시스템에 설치하거나 이를 전달·유포하는 행위를 말한다.

그리고 정보통신망 침해 행위 자체와는 구분되는 것으로, 타인의 정보를 훼손, 비밀 침해·도용·누설을 금지하는 행위가 규정되어 있다(제49조).

사이버 보안 규범의 실효성을 확보하기 위한 방안

사이버 보안 관련 규정인 「자동차관리법」 등을 위반한 경우에는 어떤 제재를 받을까? 「자동차관리법」에서는 사이버 보안 관리 체계에 대해 인증 취소나 효력 정지 이외에 다른 수단은 마련하고 있지 않다. 다만 제작자가 「자동차 관리법」상 업데이트 관련 규정을 준수하지 아니하고 업데이트를 실시한 경우에는 형벌을 부과하도록 규정하고 있다(제81조).

「정보통신망법」에서는 금지 행위 위반의 경우, 형벌을 부과하는 것으로 해 강력한 규제를 하고 있다. 따라서 자율주행차를 해킹해 자동차의 운행을 방해한 행위는 업무방해 등 다른 범죄는 별론으로 하고, 우선적으로 「정보통신망법」 위반죄에 따라 처벌할 수 있다(제70조의2, 제71조).

또한 「개인정보보호법」이나 「위치정보법」에서도 위와 같은 해킹으로 개인정보 또는 위치 정보를 수집 등 침해한 경우에는 형벌 등 제재 규정을 두어 규제하고 있다.

참고문헌

국토교통부(2020.12). 《자동차 사이버 보안 가이드라인》.

김기훈(2024.9.12.). ""北이 자동차 해킹하면 대규모 급발진 사태"… 암호학 전문가의 경고". 《조선일보》, https://www.chosun.com/economy/auto/2024/09/12/5TX5JR5WOVFYVKZTY57H5EALXI/

이창범 외(2021). 《이론&실무 정보통신망법》. 박영사.

임기창(2023.9.29). "네트워크로 연결된 자동차들… 車 사이버 보안도 새 화두로". 《연합뉴스》,

https://www.yna.co.kr/view/AKR20230927139500003
전용기 · 류요안(2018). “미국 상원 자율주행법안(AV START Act)의 주요내용 및 시사점”. 《법조》, 728(4).
최원석(2021). “자동차 사이버 보안 위협 및 연구 동향”. 《2021 KISA REPORT》, 8.
한국인터넷진흥원(2022.12). 《자율주행차 보안모델 해설 및 적용 사례집》.
황창근 · 이중기(2018). “자율주행차 운행을 위한 자동차관리법의 개정 방향”. 《중앙법학》, 20(2).
황창근(2022). “자율주행차 운행과 개인정보의 보호 및 활용의 법적 쟁점”. 《중앙법학》, 24(4).

08
자율주행차 운행과 민사책임

자율주행차의 교통사고에서 민사상 책임 주체는 누구인가. 문제는 사고 원인의 복잡성으로 그에 대한 입증이 어렵고, 자율주행차 운행에 관여하는 이해관계자가 다양하다는 데 있다. 또한 레벨 3 이상의 경우에는 인간 운전자의 개입 여부에 따라 운전자 책임의 주체가 달라지고, 자율주행 시스템의 결함을 기존의 제조물 책임으로 적용할 수 있는지도 문제가 된다.

AI와 한의학?

다양한 사고 원인과 책임 주체의 다변화

자율주행차 사고 원인은 어느 하나의 원인보다는 기술적 요인, 인적 요인, 환경적 요인, 외부적 요인 등이 복합적으로 작용해 발생한다. 기술적 요인으로는 센서, 소프트웨어 및 AI 알고리즘, 고정밀 지도 및 데이터의 오류, 하드웨어의 결함을 들 수 있고, 인적 요인으로는 자율주행 시스템의 작동 설계 영역(ODD)을 벗어난 환경에서 무리하게 이용하거나 레벨 3에서의 운전자 개입의 실패, 작동상 오류 등이 있으며, 환경적 요인으로는 타 차량이나 보행자의 예측 불가능한 행동, 도로 및 교통 환경, 악천후 등이 있고, 외부 요인으로는 사이버 공격이나 센서를 가리는 물리적 방해 행위를 들 수 있다.

이에 따라 운전자 과실 책임, 운행자의 책임, 제조물의 결함에 따른 제조물 책임, ADS의 오작동으로 인한 차량이나 소프트웨어 제작자의 책임, 통신이나 지도 등 결함에 따른 서비스 사업자의 책임, 계약자에 대한 계약 책임 등 책임 주체의 다변화를 예상할 수 있다. 이러한 책임 주체 사이에는 사고 원인에 따라 단독 또는 공동으로 책임을 지기도 하고, 책임에 대해서는 보험제도가 뒷받침하고 있다.

운전자 책임과 운행자 책임

운전자 책임은 자동차 사고와 관련해 실제로 운전을 담당한 운전자에게 고의 또는 과실이 있는 경우, 운전자에 대해 불법 행위에 기한 손해배상 책임을 지우는 것을 말한다. 자율주행차의 경우에는 기술 단계에 따라 운전을 담당하는 것이 인간 운전자이거나 또는 로봇으로 구분되므로, 레벨 4 이상의 경우에는 로봇 운전자의 경우만 운전자 책임의 대상이 된다. 문제는 로봇에게 인격 주체성을 인정하기 어렵기 때문에 운전자를 인간으로 의제하거나(독일식 접근), 후견인을 지정해 그 후견인이 책임을 지는 방식으로 해결하고 있다(영미식 접근).

운행자 책임은 "자기를 위해 자동차를 운행하는 자", 즉 '운행 지배'와 '운행 이익'을 갖는 "운행자"의 개념을 설정하고, 운행자에 대해서는 '타인의 사상'에 대해 사실상 무과실 책임인 운행자 책임을 부과하고 있다(「자배법」 제3조 본문). 운행자성 판단에 있어서는 자동차 보유자를 운행 지배와 운행 이익을 가지는 운행자로 추정한다. 자율주행차의 경우에는 두 명의 운전자, 즉 인간 운전자와 로봇 운전자인 ADS가 등장함에 따라, 운행 지배자는 자율주행차의 보유자뿐만 아니라 ADS의 후견자인 ADSE도 포함해 논의하고 있다. ADS의 보유자와

ADSE의 관계는 마치 차량의 공유자 사이, 임대인과 임차인 사이, 대리운전에서 차량의 보유자와 대리운전 업체 사이의 공동 운행자 관계와 같다(이중기, 2020a). 운전자와 운행자가 경합할 경우에는 무과실 책임을 지는 운행자가 1차적으로 피해자에게 손해배상 책임을 지는 것이 보통이다.

제조물 책임과 소프트웨어 결함의 법적 평가

「제조물책임법」 제3조는 제조물의 결함으로 다른 사람의 생명 신체 또는 재산에 손해가 발생한 경우 "제조자"로 하여금 피해자에 대해 손해를 배상하도록 한다(제2항 제2호). 따라서 자율주행차 또는 자율주행 시스템의 "결함"으로 다른 사람에게 손해가 발생하면, 자동차 제조업자가 피해자에게 제조물 책임을 진다. 다만 자동차 사고 시 사실상 무과실 책임의 성격을 가진 운행자 책임을 쉽게 추궁할 수 있기 때문에 운행자 책임을 묻지 않고 제조물 책임을 추궁할 가능성은 높지 않다. 또한 ADSE에 대한 운전자 책임의 추궁 가능성이 인정되는 경우에는 피해자가 제조물 책임을 추궁할 실제적 필요성도 크지 않다. 특히 ADS의 작동 여부는 자율주행 정보 기록장치에 의해 입증이 쉬울 것이므로 운전자 책임을 주장하는 것은 그리 어렵지 않다. 결국 1차적으로 운행자 책임 그리고 운전자 책임을 주장하는 것이 어렵지 않은 상태에서 제조물 책임은 2차적 책임이 될 가능성이 높다. 다만 피해자에게 보험자로서 손해배상을 한 보험회사가 자율주행차의 결함을 주장 증명해 구상권을 행사함으로써 제작자의 제조물 책임을 구하는 것은 의미가 있다고 할 것이다(「자배법」 제29조의2).

여기서 제조물이란 제조되거나 가공된 동산을 말하는데, 자율주행 시스템은 하드웨어와 소프트웨어의 집합체인 장치이므로 제조물로 취급이 가능하다. 그러나 자율주행 소프트웨어 자체를 제조물로 보아 자율주행차 제조사가 아니라 소프트웨어 개발사를 상대로 직접 제조물 책임을 묻는 것은 제조물의 개념에 비추어 어렵다. 자율주행 소프트웨어의 결함과 동산이라는 제조물의 결함을 달리 볼 이유는 없으므로 입법으로 해결해야 한다. EU 의회는 2024년 9월 1985년에 제정된 「제조물책임지침(PLD, Product Liability Directive)」에 디지털, 인공지능 등 새로운 기술 변화를 반영하는 내용의 개정을 했다. 이 지침에서는 제조물의 개념에 소프트웨어, AI 시스템 및 관련 디지털 서비스도 포함하고, 사이버 보안 취약성, 필요한 소프트웨어 업데이트 미비 등도 결함으로 명확히 했다. 따라서 EU 법에서는 자율주행 소프트웨어의 결함으로 인한 사고에 대해서도 피해자는 소프트웨어 제작사를 상대로 제조물 책임을 주장할 수 있다고 할 것이다.

자율주행차 사고의 원인 조사와 정보 비대칭 해소 방안

자율주행차 사고는 자율주행 시스템의 운행 작동에 여러 인공지능 기술이 관여할 뿐만 아니라, 도로 환경, 정밀 지도, 통신 기술 등 다양한 요소가 복합적으로 작용하므로, 사고의 원인 규명과 책임 소재 판단이 기존 교통사고보다 훨씬 더 복잡하다. 사고 원인 조사를 위해서는 사고 관련자나 현장 조사도 중요하지만, 자율주행차 자체 또는 운행 경과에 대한 조사가 더욱 중요하다.

자동차의 결함이나 하자 등에 대한 조사 절차는 「자동차관리법」이 규정하고 있는데(제31조의3, 제47조의4제4항), 자율주행차의 운행 경과에 대한 조사는 자율주행차의 운행 기록 수집 장치가 보유하고 있는 데이터에 대한 조사가 중요하다. 주요 데이터 수집 장치로는 사고 기록 장치(EDR, Event Data Recorder), 자율주행 정보 기록 장치(DSSAD)가 있다. 자율주행차 사고 조사는 위 기록 장치가 확보한 운행 데이터를 추출하고 분석해 사고 전후의 상황, 즉 자율주행 시스템의 작동 상태, 센서 인식 정보, 시스템의 판단 및 제어 명령, 운전자 개입 여부 등을 분석한다.

이러한 조사 및 분석은 전문성을 가진 조사 기구가 수행하는 것이 효율적이라고 할 것인데, 우리나라는 2020년 4월 세계 최초로 자율주행차의 교통사고만을 전문으로 하는 조사위원회를 도입하는 법률을 개정했다(「자배법」 제39조의14). 자율주행자동차 사고조사위원회는 자율주행 정보 기록 장치에 기록된 자율주행 정보 기록의 수집, 분석을 통한 사고 원인의 규명과 사고 관련 정보의 제공을 목적으로 설치하고 있다. 다만 2024년 개정에서 사고조사위원회가 구성 목적을 달성했다고 인정하는 경우에는 해산할 수 있는 것으로 규정해 한시적인 기구로 인정하고 있다(제39조의14제2항). 사고조사위원회가 전문성, 중립성을 바탕으로 자율주행차 사고 원인 규명에서 객관적인 조사를 할 수 있다면 자율주행차의 사회적 수용성 제고에 이바지할 것으로 본다.

또한 사고 원인 규명에서 중요한 것이 입증 책임의 전환 문제다. 원래 민사소송에서는 피해자에게 주장 및 입증 책임이 있지만, 자율주행차의 경우에는 복잡한 자율주행 시스템의 내부 결함을 구체적으로 입증하는 것이 현실적으로 기대하기 어렵다. 시스템 관련한 핵심 정보는 대부분 제조사가 가지고 있어서 정보 비대칭의 문제가 있다. 이러한 경우 「제조물책임법」을 적용해 피해자는 자율주행차가 정상적으로 사용되는 상태에서 손해가 발생했던 사실, 손해가 자율주행차 제작자나 자율주행 시스템 제작자의 실질적인 지배 영역에 속한 원인으로 초래되었다는 사실 및 자율주행차나 ADS의 결함 없이는 손해가 통상적으로 발생하지 않는다는 사실을 증명하면 자율주행차나 ADS에 결함이 있었고, 그 결함으로 인해 손해가 발생한 것으로 추정한다(제3조의2 참조). 이에 자율주행차 또는 ADS의 제조업자는 자율주행차 또는 ADS의 결함이 아닌 다른 원인으로 인해 그 손해가 발생한 사실을 증명해야 그 책임을 면하게 된다(이중기, 2020b).

정보 비대칭 문제를 해소하기 위한 정책적 대응으로는 첫째로, 데이터에 대한 접근권 보장, 둘째로, 공적 조사 기관에 의한 체계적 조사 절차의 확보를 들 수 있다. 후자의 경우, 자율주행차사고조사위원회의 조사 절차를 통해 일정 부분 해결이 가능하지만, 데이터 접근권 보장은 별도로 법적·제도적으로 명확히 규정할 필요가 있다.

참고문헌

이중기 · 황창근(2017). "자율주행차 도입에 따른 '운전자' 지위의 확대와 '운전자'의 의무 및 책임의 변화". 《홍익법학》, 18(4).

이중기(2020a). "자율주행차 사고와 제조물책임: ADS Entity 등의 제조업자로서의 책임". 《기업법연구》, 34(2).

이중기(2020b). "자율주행차 사고와 운행자책임: 보유자와 ADSE Entity의 책임". 《홍익법학》, 21(2).

황창근 · 이중기(2022). "자율주행차 사고조사제도의 법적 성격, 현황 분석 및 개선과제". 《홍익법학》, 23(2).

European Parliament(n.d.). "Defective products: revamped rules to better protect consumers from damages". https://www.europarl.europa.eu/news/en/press-room/20240308IPR18990/defective-products-revamped-rules-to-better-protect-consumers-from-damages

09
자율주행차 운행과 형사책임

레벨 4 단계 자율주행차의 교통사고로 사람이 다친 경우, 누가 형사책임의 주체가 되는가. 전통적인 운전자 중심에서 자율주행 시스템의 설계자나 제작자, 서비스 사업자나 소유자 등 책임 주체의 다변화를 예상할 수 있다. 자율주행차 시대에는 범죄도 인간 운전자 중심에서 자율주행 시스템 중심으로 새로운 유형이 등장할 것이고, 여러 관계자들의 책임을 묻는 방식으로 변경이 예상된다.

AI와 화장품?

형사책임의 구조와 자율주행 기술 단계

형사책임이란 사람이 고의 또는 과실로 범죄를 저질렀을 때 국가가 범죄자에게 부과하는 법적 책임을 말한다. 자동차의 교통사고 시 적용되는 범죄는 형법상 업무상 과실치사상죄, 교통사고처리특례법위반죄, 「도로교통법」상 각종 의무위반죄 등이고, 일부를 제외하고는 모두 과실범의 성격을 가진다.

운전자에 대한 형사책임은 자율주행의 기술 단계별로 적용이 다르다. 자율주행차 운행은 레벨 3 단계에서는 인간 운전자와 인공지능이 혼합되어 있어서 경고음 무시 등 제어권 전환이 인간 운전자로 이뤄진 경우에만 운전자가 형사책임의 주체가 되고, 레벨 4 이상의 단계에는 인간 운전자가 없으므로 그에 대한 직접적인 형사책임을 논할 여지는 없지만 보유자나 제조사 등의 형사책임의 가능성이 있다.

레벨 4에서 형사책임의 공백과 책임 주체의 재정의

레벨 4 이상에서는 레벨 3 이하의 자동차에서의 인간 운전자가 없고, 자율주행 시스템이 운전 역할을 하는 만큼 그에 대한 책임을 논할 수 있지만, 그 시스템은 인간이 아닌 만큼 형사책임의 주체가 될 수 없다. 범죄 행위는 자유 의지에 의한 행위로 이뤄지는데, 인공지능에게 이를 인정하기는 어렵고, 또한 자유 의지가 없으므로, 사형이나 징역, 금고와 같은 형벌에 대한 수형 능력도 인정하기 어렵다. 이에 대해서는 자율주행 시스템의 재(再)프로그래밍에 의한 처벌을 주장하지만, 이는 기술적 조치에 불과하고, 범죄에 대한 비난이라는 형벌의 본래 취지에도 부합하기 어렵다.

그러면 레벨 4 이상의 차량이 교통사고를 발생시키는 경우, 형사책임에 대한 공백이 발생하는가? 그러나 인명살상이라는 범죄가 있는 곳에 형벌이 없을 수는 없으므로, 레벨 4의 경우에도 형사책임을 완전히 배제하기는 어렵다. 자율주행차의 운전 활동의 주역이 인간이 아닌 로봇으로 권리능력이 없어 책임의 주체가 되지 못하더라도, 다른 관여자, 즉 자율주행 시스템의 설계자나 제조사, 운영자 등 제3의 책임 주체를 고려해 볼 수 있다. 이러한 방식으로는 호주의 ADSE, 미국의 ADP, 독일의 기술 감독자, 영국의 ASDE, 일본의 특정자동운행 종사자를 들 수 있다.

이는 민사상 손해배상 책임을 지는 운행자의 지위와 유사하지만, 형사책임은 자기 책임 원칙에 따라 범죄 행위에 대한 형벌을 가하는 것이 되므로, 적어도 형사상 과실 책임을 구성할 수 있어야 한다. 자율주행 시스템의 설계, 제작, 테스트 과정에서 중대한 결함이 있고 그것이 사고 원인이 되었으며, 또한 해당 결함을 예견 가능했음에도 불구하고 안전 조치를 소홀히 했거나, 또는 자율주행차를 운행하면서 각종 주의 의무를 다하지 못했다면 이들에게 과실치사상죄를 물을 가능성이 있다.

개발사 및 제조사에 대해서는, 자율주행 시스템 자체를 제조물로 보는 「민사법」의 경향에 맞추어, 그 결함으로 발생한 사고에 대한 형사책임을 인정하는 법리가 발전될 것이다. 이에 따라 과실 판단에 있어서도 운전자 중심에서 자율주행 시스템의 과실, 즉 설계상 과실, 검증 부족, 업데이트 소홀, 해킹방지 등 새로운 형태의 과실 판단 기준이 등장할 것이다. 차량의 보유자 또는 서비스 사업자에게는 자율주행차의 관리 소홀 이를테면 소프트웨어 업데이트 미비 등으로 인한 사고 책임을 물을 수도 있다.

레벨 4에서의 형사책임: 독일과 일본의 사례

독일은 레벨 4 자율주행차를 대상으로 한 「도로교통법」에서 교통사고 발생 시 자율주행차의 보유자와 기술 감독자의 형사책임을 규정하고 있다. 보유자는 자율주행 시스템의 점검 및 보수 의무, 교통 법규의 준수를 위한 예방 조치, 기술 감독자의 업무 완수에 필요한 조치(제1f조제1항) 및 안전벨트 착용(제21a조), 데이터 관리와 제공(제1g조제1항) 등의 의무가 있다. 기술 감독자(제1f조)는 유사시 자율주행차의 제어권을 가진 자로서, 자율주행 시스템에서 제공하는 데이터를 통해 상황 판단과 통제를 하는 역할을 하며, 차량의 보유자나 그를 위임받은 자연인이 해당한다. 다만 차량의 제조사에 대해서는 자동차 산업에 대한 파장을 고려해 행정질서벌만 규정하고 새로운 형사책임을 부담시키지는 않고 있다(이승준, 2023).

일본에서는 레벨 4의 자율주행차의 교통사고 발생 시 특정자동운행 허가 관계를 고리로 해, 특정자동운행 주임자에게 사고 시 경찰 및 소방관서 통보 및 현장 조치 업무 실시자의 배치 등의 의무를 부과하고(제75조의23), 단순 위반에 대해서는 행정형벌을 부과하고, 만일 사람을 사상하는 사고가 발생한 경우라면 형벌을 부과하는 규정을 두고 있다(제117조제3항). 그러나 형벌 규정도 실질적으로 사람의 사상에 대한 직접적 책임이 아니라 사고 조치를 취하지 않은 경우에 가하는 행정형벌의 성격이 강하다. 또한 특정자동운행 실시자 등의 과실재물 손괴죄도 규정하고 있다(제116조제2항). 또한 특정자동운행 허가 관계에서, 사업자 규제 방식으로 특정자동 허가를 받지 않은 운행, 거짓 또는 부정한 수단으로 받은 허가, 특정자동운행 계획의 변경, 공안위원회의 특정자동운행 실시자에 대한 지시 위반, 특정자동운행 계획의 위반, 특정자동운행에서 교통사고가 발생한 경우의 조치 위반 등 다양한 행정형벌을 규정하고 있다.

행정형벌 중심으로의 전환 및 민사책임과의 병행의 필요성

레벨 4 단계에 들어가면 인간 운전을 중심으로 규정된 범죄는 사라지고, 자율주행의 특성에 맞춘 새로운 범죄 유형이 신설될 것이다. 즉, 「도로교통법」상 운전자의 전통적인 의무와 책임은 점차 축소되는 반면, 자율주행 시스템 자체의 안전성 확보 및 법규 준수 의무로 이동하고, 이에 대한 설계자 및 제조사의 책임이 강화될 것이다.

제조사에게는 자동차 안전기준에 따른 설계 및 제조 의무, 운영자에게는 안전 운행 및 법규 준수의무, 사고 발생 시 조치 의무, 자율주행차의 소유자, 관리자 등 보유자에게는 안전 관리 의무, 탑승자에게는 자율주행 시스템의 정상 작동을 방해하거나 오용하는 행위의 금지 의무 등이 각각 신설될 것이고, 그 위반에 대해서는 각각의 벌칙이 신설될 것으로 예상한다. 이런 형태의 범죄는 순수 형법전에 규정되는 범죄라기보다는 자동차 법제나 도로교통 법제 등 행정법상 의무 신설과 그 위반에 대한 벌칙이라는 '행정형벌의 형식'으로 입법될 것으로 보인다. 앞서 본 일본의 특정자동운행 허가와 관련해 허가를 받지 않고 운행하거나, 허가 조건을 위반하는 등의 사업자 제재 벌칙은 물론이고, 특정자동운행 시행자 등의 사고 시 조치 의무 위반을 범죄로 규정하고 있다.

또한 자율주행 시대에 축소 또는 없어질 범죄로는, 음주, 약물 운전 금지를 포함해 운전 중 휴대전화 사용 금지, 사고 발생 시 조치 의무 등 인간 운전자를 전제로 하는 안전 운전 및 주의 의무 규정의 위반이 여기에 해당한다. 「도로교통법」은 2024년 자율주행차 운전자의 주의사항을 신설하면서, 레벨 3의 자율주행차의 운전자는 운전자의 준수 사항 중에서 운전 중 휴대전화 사용 금지, 방송 등 영상물의 시청 금지, 영상 표시 장치의 조작 금지 사항을 적용하지 않는 것으로 규정하고 있다(제56조의2). 이는 기존 「도로교통법」상 규정된 운전자의 주의사항이 자율주행차 시대에 변화하는 하나의 사례를 보여 준다. 그에 비해 레벨 3에서는 인간 운전자의 개입 의무 또는 감독 의무 위반을 범죄로 규정할 수 있다.

그러나 운전자의 운전 행위를 직접 대상으로 한 과실치사상죄의 처벌 논리가 자율주행차 시대에서도 그대로 유지할 수 있을까 의문이다. 레벨 4 이후에는 법률로 정한 책임 주체라고 하더라도, 인간 운전자가 구체적인 사고에 관해 가지는 주의 의무 위반에 상응하는 것이라고 하기 어려워, 법상 책임 주체가 형사책임을 지는 경우에도 그 책임의 본질은 결국 법률상 의무 위반인 행정형벌 정도라고 할 것이라고 본다. 따라서 레벨 4 이후의 교통사고에서는 피해자 구제나 범죄 억제의 효과는 형사책임과 더불어 충분한 민사책임을 병행하는 방향으로 설정하는 것이 바람직하다고 할 것이다.

참고문헌

김형준(2017.12). “자율주행자동차 교통사고의 형사책임”. 《중앙법학》, 19(4).

박희수(2024.12). “자율주행차에 있어 형사책임의 귀속 주체와 그 내용에 관한 고찰”. 《이화여대 법학논집》, 29(2).

이동희(2022). “자율주행차 운행의 형사법적 쟁점”. 《경찰법연구》, 20(1).

이승준(2023.7). “Level 4 자율주행자동차의 사고시 형사책임에 대한 외국의 입법동향과 방향성 – 독일, 일본 및 영국 입법권고안의 시사점을 중심으로". 《비교형사법연구》, 25(2).
홍태석(2023.11). "AI 탑재 장치에 의한 사고발생과 형사책임 - 일본의 자율주행차 사고 사례를 통해". 《법이론실무연구》, 11(4).

10
자율주행차 시대의 책임보험제도

우리나라는 자동차 사고 시 피해의 구제 및 자동차 보유자의 자력 확보를 위해 보유자의 손해배상 책임보험의 의무 가입을 시행하고 있다. 이러한 의무보험제도는 자율주행차 사고에 대해서도 동일하게 적용이 가능하다. 자율주행차 보험의 쟁점은 운행자 책임 이외에 다른 책임보험의 가능성, 보험료 및 보상 기준의 산정, 자율주행 시스템 오류 등 고유의 위험에 대한 특약 등이 있다.

종교와 AI?

자율주행차 사고와 기존 책임보험제도의 적용 가능성

자동차의 운행으로 사람이 사망하거나 부상한 경우, 피해자에 대한 손해배상 책임은 운전자 책임, 운행자 책임 및 제조물 책임으로 구분할 수 있다. 운전자 책임은 운전자의 과실에 기한 책임인 반면, 운행자 책임은 자동차 보유자의 무과실 책임으로 보유자가 운행 지배와 운행 이익을 갖는 한 손해배상 의무를 부담한다.

피해자 보호를 강화하기 위해 현행 「자배법」은 자동차 보유자에게 일정한 보험금을 한도로 대인 배상 책임과 대물 배상 책임을 보장하는 책임보험 또는 책임 공제 제도를 의무적으로 가입하도록 규정하고 있다. 또한 이러한 의무 책임보험에 가입하지 않은 자동차는 도로에서의 운행이 금지된다(「자배법」 제5조, 제8조). 이는 피해자가 신속하고 실효성 있게 손해를 배상받을 수 있도록 하기 위함이다.

자율주행차의 경우에도 기존의 운행자 책임보험이 동일하게 적용될 수 있는가에 대한 논의가 있다. 자율주행차의 운행은 차량 자체뿐만 아니라 자율주행 시스템, 보행자, 타 차량, 정보통신 인프라 등 다양한 요소가 복합적으로 작용하는 것으로, 사고 발생 시 원인 규명과 책임 주체의 확정이 기존의 자동차 사고보다 복잡하다. 또한 자동차 보유자 중심의 책임 체계가 자율주행차 환경에서도 유효한지에 대한 의문도 제기된다.

그러나 전통적인 운행자 책임은 운행 지배와 운행 이익을 근거로 한 무과실 책임이므로, 굳이 이를 다른 책임 관계로 확대하지 않더라도 기본적으로 피해 구제가 가능하다는 점에서 여전히 1차적 책임으로 기능할 수 있다. 이는 자율주행차라고 해서 본질적으로 달라질 이유가 없다.

특히 레벨 4 이상의 자율주행차처럼 인간 운전자가 완전히 배제되는 자율주행 단계에서는, 자율주행 시스템의 결함이 사고의 주된 원인이 될 수 있다. 이 경우, 시스템 자체(EU에서는 소프트웨어도 해당)가 제조물로 간주될 수 있으므로, 제조물 책임을 적용할 가능성이 있다. 따라서 제조업자가 이러한 결함으로 인한 손해를 배상할 수 있도록 제조물 책임보험의 가입을 강제하는 방안도 검토되고 있다. 다만, 이를 위해서는 현행 「제조물책임법」의 면책 사유를 재조정하는 법적 개선이 선행되어야 한다는 의견도 존재한다. 그러나 반대의 시각도 있다. 즉, 현행 「자배법」상의 무과실 운행자 책임보험이 피해자 구제에 이미 충분한 기능을 하고 있어 별도의 제조물 책임보험을 병행하는 것이 큰 실익이 없다는 주장이 그것이다(최병규, 2020; 이중기 외, 2020).

2020년 개정된 「자배법」은 자율주행차의 결함으로 인해 발생한 자율주행차 사고로 타인이 사망 또는 부상을 입거나 재물 손해가 발생한 경우, 보험회사는 피해자에게 먼저 보험금을 지급한 후 손해배상 있는 자에게 구상할 수 있도록 했는데, 이는 제조물 책임을 염두에 둔 것으로 보인다.

영국은 「자율주행차 및 전기차법(Automated and Electric Vehicles Act 2018)」에서 최초로 자율주행차에 대해 제조물 책임보험을 기존의 책임보험과 병행하기로 논의를 했다가, 이러한 이중보험 체계의 실효성에 대한 비판이 제기되면서 최종적으로 운행자 책임에 기반한 단일보험제도만을 적용하기로 결정한 바 있다(이중기 외, 2020).

해외 주요국의 자율주행차 보험제도 현황

세계 각국에서는 자율주행차 운행으로 인한 손해에 대한 책임보험의 가입을 의무화하고 있고, 기존의 운행자 책임보험을 자율주행차에도 그대로 적용하고 있다. 자율주행차나 기존의 자동차나 차량을 누가 운전했는지

관계없이, 차량 보유자에게 운행 지배와 운행 이익을 기반으로 1차적 책임을 부담하게 한다. 이에 따라 보상 기준도 동일하게 적용하고 있다. 다만 자율주행차 레벨에 따라 새로운 책임 주체(예컨대 영국의 ASDE, 독일의 기술 감독자 등)를 명확하게 해 책임 소재를 분명히 하고 있다는 특징이 있다.

영국은 2018년 「자율주행차 및 전기차법」에서 레벨 3 단계 자율주행차의 손해배상을 담보하기 위한 책임보험의 의무 가입을 규정했다. 2024년 「자율주행차법(Automated Vehicles Act 2024)」에서도 기존의 의무보험제도는 그대로 적용하고, 다만 자율주행 모드에서 발생한 사고에 대해서는 '승인된 자율주행 주체(ASDE)'가 법적 책임을 지는 주체임을 분명하게 한 것이 특징이다. 따라서 보험자는 피해자에게 우선 보상하고, 보험사는 사고 원인이 ASDE의 시스템 결함에 있다고 판단하면 구상 청구를 한다.

독일은 2021년 「도로교통법」 개정에서 레벨 4 단계 자율주행차를 상용화한 입법을 했는데, 보험제도는 기존의 운행자 책임보험제도를 그대로 유지하되 적용 범위를 확대하는 등 운행자 책임을 강화했다. 즉 기술 감독자에게 도로교통상 의무를 부과하고, 기술 감독 행위로 발생한 사고에 대한 책임을 보장하기 위해 기술 감독자를 피보험자로 포함하는 보험의 가입 의무를 부여했다.

일본에서는 레벨 3 단계 자율주행차에 대한 보험제도를 기존의 보유자 책임보험을 그대로 적용했다. 자율주행 시스템을 장착한 자동차의 구조상 결함이나 기능 장해를 원인으로 한 사고에 대한 손해배상으로 차량 소유자와 운송 사업자 등의 운행 공용자로 규정했다. 인간 운전자가 없는 레벨 4의 전용보험을 개발했는데, 자율주행 시스템 제공자가 보험에 가입해야 하고, 주행 거리, 주행 특성이 반영된 차량의 작동 정보 등을 바탕으로 보험료를 계산토록 하고 있다(박정희, 2023).

우리나라 자율주행차 보험제도의 발전과 과제

우리나라에서도 레벨 3 단계 자율주행차를 대상으로 사고 시 신속한 피해 구제를 위해 2020년 「자배법」을 개정해 자율주행차의 손해배상을 위한 보험제도를 강화했다. 즉 보험사가 피해를 보상하되 사고 조사를 통해 차량의 결함을 확인 시 제작자에게 구상토록 하는 것 즉 '선보상 후구상 방안'으로 해결했다(제29조의2). 이는 기본적으로 자율주행차도 일반 자동차와 같이 운행자 책임을 그대로 적용한다는 것을 의미한다. 위 조문에서는 자율주행차의 결함인 경우에만 구상을 청구할 수 있는 것으로 규정하고 있지만, 자율주행차의 사고는 차량의 결함뿐만 아니라 통신이나 정밀 지도 등 차량 이외의 결함도 작용할 수 있는 만큼 구상 청구의 원인을 폭넓게 인정할 수 있다. 보험자의 구상을 용이하게 하기 위해 「자배법」은 자율주행차 사고에 전문화된 조사 체계를 도입했다. 국토교통부는 자율주행자동차 사고조사위원회를 설치해 자율주행 정보 기록 장치에 기록된 자율주행 정보 기록의 수집, 분석을 통해 사고 원인을 규명하도록 하고 있다(제39조의14외).

자율주행차의 경우에도 기존과 같이 보유자의 운행자 책임에 따른 의무 책임보험이 적용되고, 그 외 다른 성격의 책임보험이 필요한지는 의문이다. 남은 문제는 보험 상품의 설계 시의 세부적인 사항으로, 자율주행차의 사고율 및 손해액에 대한 평가 및 적정 보험료 산출, 보상 기준, 자율주행 시스템의 오작동이나 정보 보안 등의 자율주행차 고유의 위험에 대한 특약 신설, 해킹 사고에 대한 정부 보장 사업의 확대 문제 등이 있다(황현아 외, 2023).

우리나라 보험회사도 위 「자배법」의 개정에 맞추어 2020년 9월부터 자율주행차 보험 상품을 판매하고 있다. 자율주행차 보험은 기존의 자동차 종합보험과 동일하게 적용하되, 자율주행차의 특유한 위험을 담보하기 위해 필요한 사항을 '자율주행차 위험담보 특별약관'의 형식으로 정하고 있다. 예를 들어 자율주행 모드로 운행 중 자율주행 시스템 또는 자율 협력 주행 시스템의 결함으로 발생한 사고, 해킹 사고에 대해 특약을 적용하고 있다. 보험료는 시스템 결함, 해킹 등의 새로운 위험이 추가된 점을 감안해 일반 업무용 자동차 보험료보다 3.7% 높은 수준으로 운영하고 있다. 이처럼 기존의 자동차 보험의 특약 형태로 자율주행차 보험이 운용되고 있지만, 장기적으로는 피보험자, 보험료, 보상 범위 및 기준 등 세부적인 점에 대한 검토가 필요하다고 할 것이다(황현아 외, 2023). 또한 레벨 4 이상에 대비한 보험 상품의 개발, 자율주행차가 로보 택시나 자율주행 셔틀, 운송 등의 상업용으로 이용될 것이므로 상업용에 특화된 보험의 개발도 필요하다.

참고문헌

금융위원회(2020.9.17). "4차 산업혁명 기술의 발전에 따른 자율주행차 전용 보험상품 도입". 보도자료. https://www.fsc.go.kr/no010101/74540?srchCtgry=&curPage=29&srchKey=&srchText=&srchBeginDt=&srchEndDt=

김동규(2019). “로보 택시(robo-taxi) 상용화 시 예상되는 보험 이슈”. 《보험법연구》, 13(2).
박정희(2023.5.8). “일본, 자율주행 레벨4에 대응한 도로교통법 시행과 보험산업의 대응”. 보험연구원, KIRI 리포트.
삼성화재(2025.4.6). 《업무용 애니카 자동차보험 보통약관》.
이보미(2023). “자율주행자동차 보험제도의 최근 동향 및 법제 연구”. 《금융법연구》, 20(1).
이중기 · 황창근(2020). “자율주행자동차 사고와 책임보험: ADS Entity의 책임이 미치는 영향”. 《일감법학》, 46.
최병규(2020.2). “자율주행차와 보험제도 운용 방안”. 《재산법연구》, 36(4).
허인학(2024.12.20). “웨이모, 로보 택시 보험 청구 건수 88% 적어”. 《IT조선》, https://it.chosun.com/news/articleView.html?idxno=2023092130342
황현아 · 손민숙(2023). “자율주행차사고 책임법제 및 보험제도: 레벨4 주요국 제도 비교를 중심으로”. 보험연구원 연구보고서.
新日本保険新聞社(2022.2.4). “損保ジャパン、レベル4自動運転サービス向け‘自動運転システム提供者専用保険’を開発”. https://www.shinnihon-ins.co.jp/industry-news/industry-news-20220207-11/

황창근

홍익대학교 법과대학 교수. 연세대학교에서 행정법으로 법학박사 학위를 받았다. 행정법과 정보법을 연구하고 있다. 군법무관(제9기)과 변호사를 거쳐 2007년 9월부터 홍익대학교에서 재직하고 있다. 한국정보법학회 공동회장, 국가행정법제위원회 위원, 중앙토지수용위원회 위원, 법제처 법령해석심의위원회 위원, 중앙행정심판위원회 위원 등으로 활동하고 있다. 주요 저서로 《자율주행차의 법과 윤리》(공저, 2020), 《이론&실무 정보통신망법》(공저, 2021), 《법정에서 영화보기》(2021) 등이 있다. 논문으로는 "방송통신위원회의 이중적 성격"(2024), "방송심의체계의 권한과 책임의 재조정"(2024), "행정형 직권조정결정의 쟁점과 입법과제"(2024), "이의신청에 대한 행정청의 결정과 그에 대한 불복"(2024) 등이 있다.